여행하는 일본사

여행하는 일본사

도쿄에서 가고시마까지, 여행하며 공부하는 일본의 역사

지은이 구완회
초판 1쇄 발행 2024년 10월 25일
초판 3쇄 발행 2025년 4월 30일

펴낸곳 도서출판 따비
펴낸이 박성경
편집 신수진, 정우진
디자인 김종민
출판등록 2009년 5월 4일 제2010-000256호
주소 서울시 마포구 월드컵로28길 6(성산동, 3층)
전화 02-326-3897
팩스 02-6919-1277
메일 tabibooks@hotmail.com
인쇄·제본 영신사

ISBN 979-11-92169-41-5 03910

책값은 뒤표지에 있습니다.

여행하는 일본사

도쿄에서 가고시마까지, 여행하며 공부하는 일본의 역사

구완회 지음

따비

일러두기

• 본문에 나오는 주요 인명과 지명, 단어의 일본어/한자는 찾아보기에 표기했다.
• 출처를 밝히지 않은 모든 사진은 저자가 직접 촬영한 것이다.

〈여행하는 세계사〉 시리즈를 펴내며

"세상은 한 권의 책이다.
여행하지 않는 사람은 그 책의 한 페이지만 읽는 것과 같다."

세상이 한 권의 책이라면, 아마도 역사책이지 않을까요? 세상 어느
곳이라도 인간과 자연의 역사가 켜켜이 쌓여 있으니 말입니다. 그러
니 역사를 제대로 알기 위해서는 여행을 떠나야 합니다. '역사의 아버
지' 헤로도토스가 그리스를 떠나 아시아와 아프리카까지 여행을 다
닌 것도 그런 까닭입니다.

　같은 이유로 도서출판 따비에서는 〈여행하는 세계사〉 시리즈를 기
획했습니다. 저자가 여행에서 만난 역사 이야기를 생생하고 재미있
게 들려주는 책입니다.《여행하는 일본사》를 시작으로《여행하는 중
국사》,《여행하는 유럽사》를 넘어《여행하는 경제사》,《여행하는 종교
사》까지 다양한 지역과 주제를 다룰 예정입니다. 모쪼록 〈여행하는
세계사〉 시리즈와 함께 더욱더 재미난 여행, 한층 더 생생한 역사를
즐기시길 바랍니다.

가깝고도 먼 나라,
알지만 모르는 나라

우리에게 일본은 그런 나라다. 가까우면서도 멀고, 아는 것 같지만 사실은 잘 모르는 나라. 나에게도 일본은 그런 나라였다.

수십 년 전, 첫 일본 여행에서 받은 충격이 아직도 생생하다. 책에서 보던 일본은 분명 '작은 섬나라'였는데(심지어 《축소지향의 일본인》이라는 책이 베스트셀러가 된 적도 있었다!), 실제로 맞닥뜨린 일본은 결코 작지 않았다. 아니, 뭐든 우리보다 훨씬 큰 듯했다. 널찍한 해자에 둘러싸인 고쿄(황궁)는 경복궁보다 넓어 보였고, 야스쿠니 신사의 거대한 도리이(정문)는 보는 이를 주눅들게 만들었다. 이게 뭐지? 내가 알던 일본은 어디로 간 거야?

그제서야 깨달았다. 내가 일본에 관해 아는 게 별로 없다는 것을.

내가 보던 교과서 속 일본은 '은혜를 원수로 갚은 왜놈'일 뿐이었다. 삼국의 문화 전파나 임진왜란, 일제강점기의 역사를 제외하고는 일본사에 관해서 수업 시간에 제대로 배워본 기억이 없었다. 20세기 말이 되어서야 일본 대중문화를 개방해 《드래곤볼》이나 《슬램덩크》 같은 만화와 가수 엑스재팬 등이 대중의 관심을 끌었다. 그러나 일본의 역사와 문화에 관한 무지는 여전했다. 우리에게, 특히 나에게 일본은 가깝지만 먼 나라, 잘 안다고 생각했지만 전혀 모르는 나라였던 것이다.

그때부터 여행으로 혹은 출장으로 수십 차례 일본을 드나들며 일본에 관해 하나씩 알아갔다. 어떻게 일본은 800만이나 되는 신령들의 나라가 되었는지, 왜 일본인은 그렇게 거대한 사찰과 신사를 지었는지, 허수아비 천황은 어떻게 권력을 되찾게 되었는지, 돈가스와 카레라이스 같은 음식은 어떻게 탄생했는지 등에 관해서 말이다. 이 모든 것의 배후에는 까마득한 옛날부터 켜켜이 쌓여온 일본의 역사가 있었다. 이전에 내가 알던 단순하고 납작한 일본사가 아니라, 일본인이 실제로 겪어온 풍부하고 생생한 역사가.

이렇게 여행에서 만나는 역사는 더욱 재미있었다. 또한 역사를 알게 되니 일본 여행이 한층 즐거워졌다(심지어 음식도 더 맛있어진 듯하다!). 이런 경험을 다른 이들과도 나누기 위해 이 책을 쓰게 되었다. 우선 선사시대부터 현대까지 일본의 역사를 훑어보고, 도쿄에서 가고시마까지 역사의 현장을 다니면서 더욱 생생하고 풍부하게 이야기를 풀어냈다. 일본사를 잘 모르는 독자도 쉽게 이해할 수 있도록 기초부터 차근차근 설명했다. 그러니 이 책을 통해 많은 분이 여행과 역사를 더욱 재미있게 즐겼으면 좋겠다. 한 걸음 더 나아가 일본을 더 잘, 그리고 제대로 알게 되었으면 좋겠다.

일본 역사기행은 우리 역사를 새롭게 바라보는 일이기도 하다. 요시노가리 역사공원의 청동검과 독널무덤, 쓰루하시의 백제문, 군함도의 무너져 내린 건물들에서 때로는 우정으로 때로는 증오로 이어진 일본 속 우리 역사를 느껴볼 수 있다. 이건 역사책에서는 절대 얻을 수 없는 특별한 경험이다. 이를 통해 우리와 일본의 과거를 알고, 현재를 이해하고, 미래를 고민할 수 있으면 더욱 좋겠다.

2024년 열대야 추석을 보내고

구완회

차례

1부 워밍업: 일본사 흐름 잡기

2부 일본 역사여행

1장 오사카
일본을 먹여 살린 '천하의 부엌'

2장 나라
불교로 꽃피운 일본 고대 문화의 보고

3장 교토
공습도 비껴간 천년의 고도

1부

워밍업:
일본사 흐름 잡기

◆◆◆

역사란 마치 띄어쓰기 없이 써놓은 문장과 같다. 이를테면 '아버지가 방에들어가신다' 같은. 그러니 띄어쓰기를 잘하면 문장이 술술 읽히고, 시대 구분을 잘하면 역사가 술술 풀린다. 일본사도 예외가 아니어서, 다음 쪽의 시대 구분표 하나면 수천 년 일본사도 단박에 꿰인다.

음… 표를 암만 봐도 무슨 말인지 잘 모르겠다고? 그럼 지금부터 설명 들어간다. 다음 쪽 표의 중간은 일본사의 시대 구분, 그 왼쪽은 해당 시대를 연 결정적 사건, 오른쪽은 우리 역사의 흐름이다. 주로 왕조의 변화에 따라 시대를 구분한 우리와는 달리, 일본사는 크게 세 가지 기준으로 시대를 나눴다. 무언가 최초로 시작되거나(토기, 벼농사, 고분), 수도를 옮기거나(아스카, 나라, 헤이안), 막부(무사 정권)의 흥망에 따라서(가마쿠라, 무로마치, 센고쿠, 에도, 메이지). 그러니까 이 표를 간단히 말로 설명하면 다음과 같다.

기원전 1만 년 무렵, 일본에서는 최초의 토기가 만들어지면서 조몬 시대가 시작되었다. 기원전 3세기쯤 벼농사와 함께 야요이 시대가 시작되었고, 거대한 고분古墳(고훈)이 나타나면서 고훈 시대가 뒤를 이었다. 이 무렵 천황天皇(덴노)이 지배하는 강력한 국가(처음 이름은 '왜', 나중에 '일본'으로 바뀜)가 등장했는데, 수도는 아스카-나라-헤이안(교토) 순이었다. 이후 무사들이 덴노를 허수아비로 만들고 무사 정권인 막부를 세웠는데, 가

시대 구분표

* 표의 간격이 실제 기간과 비례하지 않음.

결정적 사건	일본사	한국사
최초의 토기 등장 (기원전 1만 년)	조몬 시대	신석기시대
벼농사 시작 (기원전 3세기)	야요이 시대	고조선과 초기 국가들
거대한 고분(고훈) 등장 (3세기 후반)	고훈 시대	삼국시대
아스카 천도 (6세기 후반)	아스카 시대	
나라 천도 (710년)	나라 시대	남북국 시대 (통일신라-발해)

헤이안 천도 (794년)	헤이안 시대	
		고려시대
가마쿠라 막부 수립 (1185년)	가마쿠라 시대	
무로마치 막부 수립 (1336년)	무로마치 시대	조선시대
무로마치 막부 붕괴 (1573년)	센고쿠 시대	
에도 막부 수립 (1603년)	에도 시대	
메이지 유신 (1868년)	메이지 시대	일제강점기

마쿠라-무로마치(교토)-에도(도쿄)로 이어졌다. 무로마치 시대와 에도 시대 사이에는 막부가 힘을 잃은 혼란기인 센고쿠 시대(전국시대)가 100년쯤 계속되기도 했다. 이렇게 막부들이 권력을 이어가던 19세기 말, 에도 막부가 무너지고 유명무실하던 덴노가 실권을 잡으면서 메이지 시대가 열린다. 메이지 유신을 통해 근대화를 이룬 일본은 조선을 식민지로 삼고 전쟁을 일으켰다가 패했지만, 한국전쟁을 계기로 다시 고도성장을 거쳐 오늘에 이르고 있다.

조몬과 야요이, 수수께끼의 선사시대

이 정도면 일본사의 대략적인 밑그림 정도는 그린 셈이다. 구체적인 그림은 지금부터 자세히 설명하면서 그려나가기로 하자. 우선 조몬 시대부터.

앞에서 이야기했듯 조몬 시대는 토기와 함께 시작되었다. 이때 만들어진 일본 최초의 토기가 바로 '조몬 토기'다. 조몬[繩文]이란 '새끼 줄무늬'라는 뜻. 토기 표면에 이런 문양이 있어서 붙은 이름이다. 우리의 신석기시대를 대표하는 '빗살무늬토기'를 떠올리면 쉽다. 일본의 조몬 토기도 대부분 신석기시대 유물이다. 무릇 토기란 인류 역사상 신석기시대에 처음 등장하는 것이니까(요즘은 후기 구석기시대부터 토기가 만들어졌다고 보기도 한다).

그런데 잠깐! 뭔가 이상하다. 일본 역사의 시작이 조몬 토기라니,

니가타시 누노메에서
발굴된 조몬 토기

요코하마시 하나미야마
유적에서 출토된 조몬 토기

1부 워밍업: 일본사 흐름 잡기

그렇다면 일본의 역사는 구석기시대가 아니라 신석기시대부터 시작되었다는 이야기인가? 아니다. 일본에도 구석기시대가 있었다. 그럼에도 일본의 역사를 조몬 시대부터 시작하는 데는 몇 가지 이유가 있다. 우선 일본의 구석기 유물은 20세기 중엽에야 처음 발견되었다. 그때까지 일본 역사에 구석기시대란 없었다. 아니, 조몬 시대 이전까지는 '일본 열도' 자체가 존재하지 않았다. 대부분 빙하기였던 구석기시대 내내 일본은 섬이 아니라 대륙의 끄트머리였기 때문이다. 조몬 시대에 이르러서야 일본 열도가 대륙에서 완전히 떨어져나갔고, 독자적인 조몬 문화와 함께 일본의 역사가 시작된 것이다.

조몬 시대, 그러니까 일본 신석기시대의 특징은 '엄청 빠른 토기, 너무 늦은 농경'으로 요약할 수 있다. 놀라지 마시라. 1960년대 처음 발견된 조몬 토기는 무려 '세계 최초의 토기'로 인정받았단다(2012년 중국에서 더 오래된 것으로 추정되는 토기가 발견되었다). 그런데 1만 년 가까이 지속된 조몬 시대 내내 본격적인 농경의 흔적은 거의 발견되지 않았다. 이거 참 이상하다. '신석기 혁명=농업 혁명' 아닌가? 토기 또한 농사로 생산한 곡식을 저장하기 위해 만들기 시작한 것이고. 맞다. 하지만 모든 지역이 그런 것은 아니다. 조몬인들은 농사 대신 수렵과 채취로 살아갔다. 물고기와 해산물이 풍부한 바닷가 근처에 자리를 잡고서 말이다. (그럼 왜 토기를 만들었냐고? 이건 나중에 도쿄국립박물관에서 직접 유물을 보며 설명하겠다.)

하여간 그렇게 1만 년 가까운 세월을 보낸 기원전 300년 무렵, 거

이와테현에서 출토된 야요이 토기

1부 워밍업: 일본사 흐름 잡기

짓말처럼 갑자기, 농경이 본격적으로 시작되었다. 그것도 대규모 관개시설까지 갖춘 벼농사가. 뿐만 아니라 각종 청동기며 철기까지 다양한 도구들이 쏟아지듯 나타났다. 더불어 토기의 스타일도 확 바뀌었다(야요이[弥生] 시대란 새로운 토기가 처음 발견된 지역의 이름을 딴 것이다). 놀라 자빠질 일이 아닐 수 없다.

새로운 물건과 기술이 하늘에서 뚝 떨어지기라도 한 것일까? 실제로 비슷한 일이 일어났다. 다만 하늘이 아니라 한반도에서 건너간 점이 다를 뿐. 이른바 '도래인'들이 볍씨와 농사 기술, 도구들까지 싸들고 바다 건너 일본으로 도래한 것이다. (우와, 역시 일본의 문명은 우리가 다 전해준 것이라고? 세상 일이 그렇게 단순하지 않다. 여기에 대해서는 야요이 시대의 대표 유적인 요시노가리 역사공원을 둘러보며 이야기하겠다.)

물건, 기술뿐 아니라 사람까지 바뀌었으니 사회가 바뀌는 것은 당연한 일. 농사로 식량이 늘면서 인구 또한 늘어나고 마을도 커졌다. 먹고 남은 식량(잉여생산물)이 생기니 부자와 가난뱅이가 생겨났다. 잉여생산물을 두고 마을끼리 전쟁도 잦아졌다. 힘센 마을이 다른 마을을 정복하며 점점 커져서 마침내 작은 '나라[구니国]'가 되었다.

이렇게 생겨난 소국들이 줄잡아 100여 개. 그중 여러 나라가 연합하여 '야마타이국[邪馬台国]'을 만들고 히미코라는 여왕을 모셨다. 히미코는 중국에 조공하여 '친위왜왕'이라는 칭호를 받았다(고 그 무렵 중국 기록에 나와 있다). 다른 소국들을 압도하기 위해 중국의 책봉이 필요했을 것이다.

덴노와 귀족의
'고대' 타이틀 매치

여기서 일본사의 두 번째 미스터리가 발생한다(첫 번째는 조몬 토기). 히미코 이후 약 150년 동안 중국 기록에서 일본에 관한 이야기가 감쪽같이 사라진 것이다(일본 측 기록이 있지만 신화와 짬뽕이 되어 신뢰도가 떨어진다). 대신 이 시기부터 일본 곳곳에 거대한 무덤(고분古墳. 일본어로 고훈こふん)이 생겨나기 시작했다(그래서 '고훈 시대'다). 대표 선수인 다이센 고분은 넓이만 따지면 피라미드보다 크다. 고분은 지금 나라현에 해당하는 야마토[大和] 지역에서 시작되어 전국으로 퍼져나갔다. 그 의미는? 야마토에 강력한 정치 세력이 등장해 지배력을 넓혀갔다는 것!

이 정치 세력을 보통 '야마토 조정(왕조)'이라 부른다. 그렇다면 고훈 시대가 아니라 야마토 시대라 불러야 하는 것 아닐까? 실제로 그

오사카시 사카이구에 있는 다이센 고분. 최대 길이 840미터, 최대 폭 654미터에 이른다.

렇게 시대 구분을 하는 학자들도 있다. 하지만 문제는 야마토 조정이 언제, 어떻게 시작되었지에 관한 기록이 거의 없다는 것. 그런 탓에 대부분의 역사책은 '고훈 시대'라 부른다.

불교 등의 영향으로 무덤의 크기가 현저하게 줄어든 6세기 후반, 야마토 조정은 아스카에 자리를 잡고 궁전을 지었다. 아스카 시대가 열린 것이다. 왕권도 커져서 스스로 '대왕大王'(오키미おおきみ)이라 칭했지만, 호족들의 힘도 만만치 않았다. 그중 가장 강력했던 소가노 우마코가 스슌 대왕을 암살하고 왕비였던 자기 딸을 새로운 왕으로 세우면서 권력은 소가[蘇我] 씨 가문으로 넘어갔다(근데 왜 소가'노' 우마코냐고? 일본의 옛 귀족 성씨는 성과 이름 사이에 '~의'를 뜻하는 노의를 쓰기도 한다. 소가노 우마코는 소가 가문의 우마코라는 뜻). 그리고 50여 년 뒤, 소가 씨 세력을 척결하고 왕위에 오른 고토쿠 대왕은 왕권 강화를 위한 대대적인 국가 개혁에 착수했다. '다이카[大化]'라는 일본 최초의 연호도 이때 만들어졌다(그래서 이 개혁을 '다이카 개신'이라 부른다).

다시 30년쯤 뒤, 내전을 통해 왕위에 오른 덴무 대왕(재위 673~686년)은 더욱 강력한 왕권을 휘둘렀다. 호족의 땅을 빼앗아 백성들에게 나누어주고, 호족은 관리로 삼아서 녹봉을 주었다. 호칭도 대왕에서 천황天皇(덴노てんのう)으로 한 끗발(?) 높이고, 나라 이름도 왜에서 일본으로 바꾸었다. (이 책에서는 천황을 일본식 발음인 '덴노'로 부르겠다. 독일의 황제를 '카이저', 러시아의 황제를 '차르'라 부르는 것처럼.) 그는 덴노 가문을 신격화한《고사기》와《일본서기》의 편찬도 명령했다.

덴노 중심의 지배체제는 다이호[大宝] 율령의 반포로 정점을 찍었다. 중국에서 시작된 율령은 동아시아 고대국가의 기본 법령이자 '국왕 중심 고대국가' 확립의 바로미터이기도 하다. 이제야 일본 열도에 나라다운 나라가 생긴 셈이다. 일본 최초의 유네스코 세계문화유산인 호류지 등 찬란한 불교 문화를 꽃피운 시기도 아스카 시대다.

덴무 덴노의 조카였던 겐메이 덴노(재위 707~715년)는 수도를 아스카에서 나라로 옮겼다(나라 시대). 아스카는 여전히 귀족 세력이 강했기 때문이다. 하지만 역사는 그녀의 바람대로 흘러가지 않았다(겐메이 덴노는 다섯 번째 여성 덴노이기도 하다). 오래전 소가 씨를 몰아내는 데 공을 세운 후지와라 가문이 점차 세력을 키워 정권을 쥐락펴락하게 된 것이다. 황족과 승려 세력이 권력을 잡기도 했지만, 나라 시대를 주도한 것은 후지와라 가문이었다. 이 시기 덴노의 힘은 줄었지만 일본의 국력은 커졌다. 당시 독자적인 세력을 이루고 있던 규슈와 간토(도쿄 등 혼슈의 동부 지방)를 복속시킨 것도 이때였다. 견당사와 견신라사 등을 파견해 선진 문물을 수입함으로써 '덴표 문화'라는 화려한 귀족 문화를 꽃피우기도 했다.

794년, 간무 덴노(재위 781~806년)는 교토 지역에 '헤이안쿄[平安京]'라는 신도시를 건설하고 수도를 옮겼다(헤이안 시대). "불필요한 관원 감축과 재정 건전화"라는 표면적인 이유를 내세웠으나, 이번에도 실제 목적은 왕권 강화였다(재정 건전화와 신도시 건설이라, 딱 봐도 앞뒤가 안 맞는다). 귀족과 불교 세력이 포진하고 있는 나라(수도)에서 왕권을 강화

1895년 헤이안쿄 천도 1,100주년을 기념해 세운 교토의 헤이안 신궁

한다는 것은 불가능했기 때문이다. 하지만 이번에도 역사는 덴노의 바람과 정반대로 흘러갔다. 후지와라 씨의 권력이 나라 때보다 훨씬 더 강해졌던 것이다.

후지와라 씨는 자신들이 멸망시킨 소가 씨의 수법을 그대로 따랐다. 대대로 딸을 황후로 들이면서 독보적인 외척 세력이 되는 것! (이는 고려 시대 권문세족의 권력 유지 방식이기도 하다.) 그 딸이 낳은 아들이 덴노가 되면 자신은 섭정攝政(셋쇼せっしょう)이 되어 나라를 주물렀다. 덴노가 성인이 된 후에는 관백関白(간파쿠かんぱく)이 되어 권력을 이어갔다. 이른바 '셋칸 정치'의 시작이다.

무사의 탄생, 중세의 시작

나는 새도 떨어뜨리던 후지와라 가문에도 위기가 찾아왔다. 후지와라 노 요리미치가 황후로 들여보낸 딸이 아들을 낳지 못한 것이다. 결국 후지와라 가문의 피가 전혀 섞이지 않은 고산조 덴노(재위 1068~1073년) 가 즉위하면서 위기는 현실이 되었다.

고산조 덴노는 후지와라 가문의 눈치를 보지 않고 개혁을 추진했고, 그 뒤를 이은 시라카와 덴노(재위 1073~1087년)는 일찌감치 어린 아들에게 황위를 물려주고는 상황上皇이 되어 더욱 강력한 권력을 휘둘렀다. 귀찮은(?) 일상 국무는 아들과 신하들에게 맡기고 자신은 권력 강화에 집중한 덕분이다. 그 뒤를 이은 덴노들도 이 전략을 충실히 따르며 권력을 유지했다. 원정院政(인세이いんせい)이라 불리는 이러한

가마쿠라 시대를 상징하는 가마쿠라 대불

정치 형태는 거의 100년 동안이나 이어졌다(원정은 당시 상황의 거처를 부르는 '원'에서 따온 이름이다).

원정의 권력을 물리적으로 뒷받침한 것이 바로 이 무렵 새롭게 등장한 무사단이다. '새롭게 등장'했다니, 그렇다면 이전에는 무사가 없었다는 말인가? 그렇다. 고대의 전사는 대부분 징발된 농민이었다. 이들을 지휘하는 귀족들도 직업적 전사 집단이 아니었다. 헤이안 시대에 와서야 '싸움이 직업'인 무사들이 나타났다. 당시 지방에는 새로운 토지를 개간한 장원들이 생겨났는데, 장원의 영주들이 스스로를 지키기 위해 조직한 무사단이 시작이었다. 이러한 무사'단'은 싸움 잘하는 어중이떠중이가 모인 것이 아니라 일족의 수장을 중심으로 뭉친 전사 '가문'이었다. 이런 가문들은 서로 주종관계를 맺으며 더 큰 집단으로 성장했다.

10세기 중엽, 거의 동시에 일어난 두 개의 지방 반란('다이라노 마사카도의 난'과 '후지와라노 스미토모의 난')을 진압하는 데 공을 세우면서 지방 무사단은 중앙으로 진출하게 된다. 이들이 처음 맡은 일은 후지와라 가문 같은 유력 귀족이나 황족의 경호. 사무라이[侍: 모실 시]라는 이름이 여기서 비롯되었다. 그러다 차츰 중앙의 권력투쟁에 불려나갔는데, 상황뿐 아니라 귀족들도 권력투쟁에 무사단을 활용했다.

상황과 덴노, 귀족들을 위해 싸우던 무사들은 어느 날 문득 깨달았다. '가만, 우리가 왜 남에게 권력을 주기 위해 싸우지? 어차피 싸움은 우리가 하는데. 걍 우리가 권력을 차지하면 되잖아!' 당연한 말씀. 이렇게 해서 신흥 무사 가문인 헤이[平] 씨가 권력을 잡았다. 그렇다면 우리라고 권력을 잡지 말란 법이 있나? 또 다른 무사 가문인 겐[源] 씨가 도전장을 내밀었다. 10년 가까이 지속된 내전의 최후 승자는 겐 씨. 역사는 이를 '겐페이[源平] 전쟁'이라 부른다('편 갈라 시합하기'를 뜻하는 당구장 속어인 '겐페이'가 바로 여기서 유래했다).

겐씨 가문을 이끌던 미나모토노 요리토모는 자신들의 근거지인 가마쿠라(도쿄 인근)에 무사 정부인 막부幕府(바쿠후ばくふ)를 열었다(겐씨 가문을 왜 미나모토가 이끄냐고? 源을 일본어로 음독*하면 겐けん, 훈독하면 미나모토 みなもとだ). 이제 헤이안(교토)의 덴노는 허수아비가 되었다. 가마쿠라 막부와 함께 역사의 큰 흐름이 바뀐 것이다. 덴노와 귀족이 중심이던 고대에서 무사가 주인공인 중세로. 그 중심에는 무사의, 무사에 의한, 무사를 위한 정부, 막부가 있었다.

* 음독과 훈독

음독과 훈독이란 일본어에서 한자를 읽는 두 가지 방법이다. 음독은 소리, 훈독은 뜻을 읽는다. 즉 天 자를 '천'으로 읽으면 음독, '하늘'로 읽으면 훈독이 되는 셈이다. 우리는 天을 '천'으로만 읽는다(즉 음독만 한다). 하지만 일본어에서는 '덴てん[천]'이라고도 읽고(음독), '아메あめ[하늘]'라고도 읽는다(훈독). 다시 말해 우리말에서는 한자를 음독만 하고, 일본어에서는 음독과 훈독 두 가지 방식으로 읽는 것이다(그래서 무지 헷갈린다).

칼로 흥한 자, 칼로 망한다! 막부의 탄생과 흥망성쇠

막부의 우두머리는 쇼군[將軍]이었다. 형식적으로 텐노의 임명을 받았으나 실권은 어디까지나 쇼군에게 있었다. 초대 쇼군 미나모토노 요리토모는 겐페이 전쟁 동안 자신의 편에 선 무사들과 주종관계를 맺고 이들을 지방관(슈고しゅご. 한자는 守護를 쓴다)으로 임명했다. 지방을 장악한 무사들이 텐노가 아닌 쇼군에게 충성을 바치는 것은 당연한 일. 이로써 누가 나라의 주인인지 자명해졌다.

하지만 요리토모의 어린 아들이 쇼군의 지위를 물려받으면서 막부의 실권은 어머니 가문인 호조 씨에게로 넘어갔다. 텐노가 지배할 때처럼 쇼군의 시대에도 외척이 득세한 것이다. 쇼군의 외척은 텐노의 외척보다 한 술 더 떠서 다른 가문의 인물로 쇼군을 갈아치웠다(이전에는 덴노가 외척 손에 죽는 일도 있었지만, 후임 덴노는 언제나 황족이었다).

두 차례에 걸친 원나라-고려 연합군의 침략을 운 좋게 막은 일도 호조 씨의 권력을 강화했다. 세계 최강인 원나라 군대가 갑자기 불어 닥친 신풍神風(가미카제かみかぜ) 한 방으로 궤멸되자* 호조 씨는 '하늘 이 지켜주는 권력'이 되어버린 것이다. 하지만 이 과정에서 무사들의 불만은 차곡차곡 쌓여만 갔다. 원나라의 공격을 막기 위해 막대한 희 생을 치러야 했던 무사들에게 호조 씨 정권은 어떠한 보상도 해주지 않았기 때문이다(사실은 보상을 해줄 수가 없었다. 원나라를 막았다고 땅이나 돈 이 생기는 것이 아니었으니). 오히려 전국의 지방관들을 대부분 호조 씨 일 족으로 갈아치우면서 무사들의 불만은 폭발 직전에 이르렀다.

그러자 지금까지 막부의 눈치만 보고 있던 고다이고 덴노(재위

* 여몽 연합군과 가미카제

수십 년의 전쟁 끝에 고려의 항복을 받은 원나라는 고려와 연합군을 결성 해 일본 정벌에 나섰다. 1274년에 이루어진 1차 정벌에서는 수만 명의 병사가 쓰시마와 이키노시마 등의 섬을 점령하고 규슈에 상륙하여 승리를 거두었으나, 그날 밤 불어닥친 태풍으로 궤멸당했다(당시 태풍은 없었고, 여 몽 연합군이 하루 만에 사라진 것은 미스터리라는 주장도 있다). 1281년 14만 대군 을 동원한 2차 정벌 또한 기다렸다는 듯 몰아친 태풍으로 실패했다(이에 관 해서는 기록이 확실히 남아 있다). 일본인들은 이를 신풍(가미카제)이라 불렀으며, 훗날 제2차 세계대전에서 자살특공대의 이름으로 쓰기도 했다.

1부 워밍업: 일본사 흐름 잡기

1318~1339년)가 '타도! 가마쿠라 막부'의 깃발을 높이 들고 군대를 일으켰다. 이를 진압하라고 막부에서 보낸 아시카가 다카우지마저 덴노 편을 들면서 가마쿠라 막부는 무너지고 말았다(마지막까지 저항하던 호조 씨 일족 수백 명은 집단자살했단다. 역시 무사단다운 최후라고 해야 할까).

공동의 적이 사라지자 이번에는 고다이고 덴노와 아시카가 다카우지가 대립했다. 덴노는 무사의 손에서 권력을 되찾고 싶어했지만, 아시카가는 덴노에게 권력을 내줄 생각이 없었다. 막부 붕괴 후 잠깐 권력을 잡은 듯했던 고다이고 덴노는 결국 아시카가에게 패해 교토 남쪽의 요시노로 도망쳤다. 아시카가 다카우지는 새로운 덴노(고곤 덴노)를 세우고 교토의 무로마치에 새 막부를 열었다.

하지만 천혜의 요새 요시노에 자리 잡은 고다이고 덴노는 여전히 자신이 정통임을 주장했다. 대대로 물려받은 '덴노의 세 가지 보물'('3종 신기'라고 불리는 청동검과 청동거울, 곡옥)을 가지고 있는 것도 정통성의 근거가 되었다. 아직 확고하게 권력을 다지지 못한 아시카가 다카우지는 요시노까지 신경 쓸 여력이 없었다. 북쪽의 덴노와 남쪽의 덴노, 무로마치 시대와 함께 일본 역사상 최초로 두 명의 덴노가 공존하는 남북조 시대가 시작되었다(그러니까 남북조 시대는 무로마치 시대에 포함된다).

60년 가까이 지속된 남북조의 분열기를 끝낸 것은 아시카가 다카우지의 손자 요시미쓰였다. 그는 남조와 북조를 통합했을 뿐 아니라 견당사 이후 수백 년간 중단되었던 중국과의 공식 무역을 재개하면서 막부의 경제적 기반을 다졌다. 덕분에 무로마치 막부는 요시미쓰

노 공연을 묘사한 오가타 겟코尾形月耕의 우키요에

대에서 전성기를 맞았다. 지금도 관광객이 몰리는 교토의 금각사가 지어지고 전통 가면극인 노[能]와 다도가 발달한 것도 요시미쓰의 치세였다.

하지만 달도 차면 기우는 법. 요시미쓰의 죽음과 함께 무로마치 막부도 내리막길에 접어들었다. 쇠락의 시작은 대기근과 이에 따른 농민들의 봉기였다. '잇키[一揆]'라 불린 봉기는 농민을 시작으로 불교계와 지방의 중소 영주들로 퍼져나갔다. 막부의 임명을 받았으나 독자적인 힘을 키운 지방관(슈고)들이 지역을 장악하면서 '슈고 다이묘'(다이묘[大名]는 지방 호족)가 되었다.

15세기 중엽 쇼군 계승을 둘러싸고 전국의 슈고 다이묘들이 두 패로 나뉘어 싸운 오닌의 난(1467~1477년)을 겪으며 막부는 통제력을 완전히 상실했다. 각자도생하는 지방 다이묘들이 전쟁으로 날을 새는 센고쿠[戰国] 시대가 시작된 것이다. 형식적으로라도 막부와 주종관계를 이루고 있던 슈고 다이묘들이 몰락하고, 실력(무력)으로 스스로 영지를 차지한 센고쿠 다이묘들이 이 시대를 주름잡았다(물론 슈고 다이묘에서 센고쿠 다이묘로 변신에 성공한 이들도 있다).

난세는 영웅을 낳는다, 센고쿠의 3영웅

난세는 영웅을 낳는다. 일본사 최대의 혼란기인 센고쿠 시대는 영웅의 시대이기도 하다. 최초의 센고쿠 영웅은 오다 노부나가. 지방영주(오와리쿠니. 지금의 아이치현 서부)의 아들로 태어난 오다는 혁신적 아이디어와 과감한 추진력으로 센고쿠 다이묘의 대표 주자로 부상했다. 그가 3,000여 명의 철포(조총) 부대를 3열로 세우는 획기적인 전술로 다케다 가쓰요리(지금의 야마나시현에 해당하는 가이쿠니의 다이묘. '가이의 호랑이'로 불린 다케다 신겐의 아들이다)의 천하무적 기마군단을 격파했다는 나가시노 전투는 지금도 전설처럼 이야기된다(하지만 '철포 3열 전술'은 사실이 아니라 '전설'일 뿐이라고 생각하는 학자도 많다. 아무튼 오다의 승리는 확실하다).

겨우 숨만 쉬던 무로마치 막부의 숨통을 끊어놓은 것도 오다 노부

오다 노부나가의 초상화
(가노 소슈狩野宗秀 작품)

天德院殿一品前右相府

恭岩淨安大禪定門

天正十年壬午六月二日御逝男

右信長御影
為御報恩相
當後一周忌之
辰橋之三州
高橋長興寺
與語久三郎
正勝寄進之
天正十年六月吉日

나가였다.* 상업을 장려하고 도시를 만들고 토지와 생산량을 정확히 조사하여 세금을 부과하는 등, 중세를 넘어서는 통치 시스템을 구축한 것도 오다가 처음이다. 그는 단순한 천하통일을 넘어서 새로운 세상을 꿈꾸었던 것이다(덕분에 오다 노부나가는 지금도 일본인들이 존경하는 역사인물 1, 2위를 다툰다).

믿었던 부하의 배신으로 비명횡사한 오다 노부나가의 꿈을 이어받은 인물은 도요토미 히데요시였다. 농민 출신으로 별명이 '원숭이'(일본어로 사루さる)였던 도요토미는 오직 실력 하나로 오다의 측근이 되었다. 오다 사후 도요토미는 신속하게 배신자를 처단하고 오다의 세 살배기 손자를 허수아비 영주로 세우고 자신이 권력을 잡았다(이에 반발하던 오다의 셋째 아들은 할복을 해야 했다). 오사카에 거대한 성을 쌓고, 라이벌인 도쿠가와 이에야스를 복속시킨 후 규슈와 시코쿠, 간토 지방까지

＊ 아즈치·모모야마 시대

센고쿠 시대 중 무로마치 막부 붕괴(1573년)부터 에도 막부 수립(1603년) 이전까지를 따로 구분해 '아즈치·모모야마 시대'라고 한다. 이 중 아즈치 시대는 오다 노부나가, 모모야마 시대는 도요토미 히데요시가 지배하던 시기를 말한다. 아즈치[安土]는 오다가 비와 호수 동쪽 아즈치 산에 세운 성의 이름이며, 모모야마[桃山: 복숭아산]는 도요토미가 교토에 세운 후시미 성의 별명에서 따왔다.

도요토미 히데요시의 초상화(가노 미쓰노부狩野光信 작품)

평정해 마침내 전국을 통일했다. 속전속결, 이 모든 것이 오다 노부나가 사후 8년 만에 이루어졌다.

이후 벌어진 일은 우리에게도 익숙하다. 도요토미는 임진왜란을 일으켰고, 7년 동안의 전쟁으로 조선은 이루 말할 수 없는 피해를 입었다. 결국 도요토미 히데요시가 병으로 세상을 뜬 후에야 전쟁은 끝

도쿠가와 이에야스의 초상화(가노 단유狩野探幽 작품)

을 맺었다. 도요토미는 죽기 직전 도쿠가와 이에야스를 포함한 다섯 원로대신[五大老: 고다이로ごたいろう라고 한다]에게 자신의 아들을 부탁했으나, 도쿠가와는 도요토미의 말 대신 행동을 따랐다. 주군의 후계자를 죽이고 자신이 권력을 차지한 것이다(정확히 말하면 먼저 권력을 차지하고 나중에 히데요시의 아들을 죽였다).

지방영주(미카와쿠니. 지금의 아이치현 동부)의 아들로 태어난 도쿠가와 이에야스는 어려서부터 인질로 잡혀 여러 집안을 전전했다. 이후 오다 노부나가의 부하가 되었다가 다시 도요토미 히데요시의 휘하에서 때를 기다렸다. 드디어 도요토미가 병으로 죽자 세키가하라 전투[*]를 통해 권력을 잡았다. 드디어 쇼군에 오른 도쿠가와는 자신의 영지인 에도(도쿄)에 막부를 열었다. 이때 그의 나이 60세. 어린 인질로 시작해 산전, 수전, 공중전(?)까지 모두 겪은 후에 이룬 일이었다.

일본인에게 도요토미 히데요시가 '개천에서 난 용'의 상징이라면 도쿠가와 이에야스는 '기다림의 아이콘'이다. 훗날 사람들은 "오다가 쌀을 찧고 하시바가 반죽한 천하라는 떡을 도쿠가와가 먹었다."고 이야기했다(하시바[羽柴]는 텐노에게 도요토미라는 성을 하사받기 전 히데요시가 쓰던 성이다).

---

* 세키가하라[関ヶ原] 전투

1600년 10월 21일 일본 미노쿠니(지금의 기후현 남부) 세키가하라 평원에서 벌어진 전투. 도쿠가와 이에야스가 이끄는 동군(약 8만 명)과 이에 맞서는 다이묘들이 뭉친 서군(약 12만 명)이 결전을 벌였는데, 서군 진영에서 배신자가 속출하면서 동군의 승리로 끝났다. 세키가하라 전투는 에도 막부가 성립하는 결정적 계기가 되었기에 일본 역사상 가장 중요한 전투 중 하나로 손꼽힌다.

에도 시대의 평화와 번영,
혼란을 거쳐 메이지 유신으로

260여 년간 지속된 에도 시대는 평화로 시작해 번영을 거쳐 혼란을 거듭하다 쿠데타로 끝났다. 평화는 막부의 다이묘 통제에서 비롯되었다. 우선 다이묘의 충성도에 따라 영지를 차등 분배했다(이러한 영지를 '번'이라 한다. 에도 시대 정치의 기본은 막부와 번의 주종관계, 이른바 '막번 체제'였다). 또한 다이묘 간의 제휴나 성의 축조, 막부 승인 없는 결혼 등을 금지하고, 이를 어기는 자는 영지를 축소하거나 몰수해버렸다. 단순히 손상된 성을 수리하는 것에도 까다로운 조건이 붙었다. 이러니 반란은 언감생심, 막부의 눈치 보기에도 바빴다.

　모든 다이묘가 에도와 자신의 영지를 오가며 1년씩 교대로 머물러야 한다는 '참근교대參勤交代'(산킨코타이さんきんこうたい)는 일석이조의

묘수였다. 다이묘를 가까이 두어 반란의 싹을 자르고(더구나 가족들은 에도의 붙박이 인질이었다), 에도까지 오가는 이동 비용을 쓰느라 번의 재정이 바닥나도록 만들었다. 다이묘를 포함한 수천 명이 수십 일 동안 이동하는 데는 어마어마한 비용이 들었다. 이걸 몽땅 다이묘가 내도록 해 반란을 일으키고 싶어도 돈이 없어 못 하도록 만든 것이다. 연일 전쟁이던 센고쿠 시대는 어느새 먼 추억이 되고, 에도 시대의 평화가 시작되었다.

평화가 찾아오니 번영이 따라왔다. 먼저, 농민들이 전쟁 대신 농업에 전념하니 생산량뿐 아니라 농지도 늘어났다. 참근교대를 위해 전국의 도로망을 정비하면서 상업도 발달했다(일본은 국토의 80퍼센트가 산이라 원래 도로망이 부실했다). 전국의 다이묘들이 길거리에 뿌리는 돈도 경제에 활력을 더했다. 덕분에 숙박업이 발달하고 여행 가이드북(!)까지 등장했다.

전국에 시장이 들어서고 부유한 상인(조닌)들이 생겨났다. 이들은 도시에 살면서 무사와 다이묘, 심지어 쇼군에게도 돈을 꿔줄 정도로 막대한 경제력을 자랑하며 화려한 문화를 주도했다. 이를 '겐로쿠 문화'라 부르는데, 대중 스타 탄생의 산실이었던 가부키와 가부키 배우들의 화보집이었던 우키요에 등이 겐로쿠 문화의 상징이다.

평화와 번영의 한편에서 혼란의 싹도 자라났다. 우선 문제가 된 것은 전쟁이 없어지면서 할 일도 사라진 무사들이었다. 일부 무사들은 행정 관료로 변신에 성공했으나 더 많은 무사가 빈곤에 허덕였다. 때

참근교대로 에도성에 입성하는 다이묘(교사이 기요미쓰曉齋淸光 작품)

때로 이들은 반란을 일으키면서 사회불안 요소가 되었다. 에도 시대 동안 여러 차례 발생한 대기근은 더욱 직접적인 타격이 되었다. 사람을 잡아먹어야 할 정도로 혹독한 기근이 닥치자 한동안 잠잠했던 잇키가 자주 발생했다. 쌀값을 잡으려는 막부의 개혁 정책이 실패하면서 혼란은 가중되었다.

　여기다 서구 열강의 침략이 결정타를 날렸다. 혼란에 빠진 막부가 우왕좌왕하는 가운데 미국의 페리 제독이 탄 흑선黑船(대양 항해용 대형 함. 선체를 타르로 검게 칠했기에 이렇게 불렀다)이 대포를 앞세우고 들어와 통상을 요구한 것이다. 당시 막부는 오랫동안 기독교를 금지하고 쇄국

정책을 펴고 있었다. 아편전쟁 소식을 통해 서구 열강의 막강한 무력을 알고 있었던 에도 막부는 고심 끝에 나라 문을 열고 화친조약(1854년)과 통상조약(1858년)을 맺었다. 하지만 이것은 전형적인 불평등 조약이었다(불과 20년쯤 뒤 일본은 똑같은 불평등 조약을 조선에 강요한다).

서양의 물건이 물밀 듯 들어오고 금이 대량으로 빠져나가면서 경제 혼란이 가중되고 민중의 삶은 더욱 어려워졌다. 그러자 가뜩이나 막부에 불만이 많았던 하급무사들이 '막부 타도'를 외치며 일어섰다. 막부와는 달리 개혁에 성공해 힘을 키운 몇몇 번도 막부 타도에 앞장섰다. 이들은 막부를 무너뜨리고 덴노 중심으로 똘똘 뭉쳐야 서양을

일본에 상륙하는 페리 제독과 그의 함대원들

따라잡을 수 있다고 주장했다.

　1868년, 반막부파는 무쓰히토 덴노의 왕정복고 쿠데타에 성공했다. 이른바 '메이지 유신'이었다(메이지는 무쓰히토 덴노의 연호다). 가마쿠라 막부 이후 700년 가까이 지속되던 무사 정권이 종말을 고하는 순간이었다. 메이지 덴노는 거처를 교토에서 에도로 옮기고는 도시 이름을 도쿄[東京: 동쪽의 수도]로 바꾸었다.

메이지 시대,
근대화의 롤러코스터

메이지 유신 이후 일본은 근대화에 박차를 가했다. 첫걸음은 에도 시대의 기본 질서인 막번 체제를 붕괴시키는 것. 메이지 유신으로 막부는 사라졌으니 이제 번을 없앨 차례다. 메이지 정부는 1871년 여러 개의 번을 하나의 현으로 묶고 중앙정부가 임명한 지사를 파견하는 폐번치현廃藩置県(하이한치켄はいはんちけん)을 단행했다. 이로써 막부와 주종관계를 맺으면서 시작된 지방영주들의 자치가 사라지고, 덴노를 중심으로 한 강력한 중앙집권 체제가 들어섰다.

　다이묘들의 저항을 방지하기 위해 그들의 기득권을 보호하는 조치도 함께 취해졌다. 메이지 유신을 통해 사농공상(여기서 '사'는 무사다)의 전통적 신분제를 철폐하고 사민평등을 내세우면서도 다이묘와 상층

도쿄의 고쿄에서 밖으로 행차하는 메이지 덴노 부부(요슈 지카노부楊洲周延 작품)

1872년 런던 체류 중 촬영한 이와쿠라 사절단의 지도부 사진.
왼쪽부터 기도 다카요시, 야마구치 마스카, 이와쿠라 도모미, 이토 히로부미, 오쿠보 도시미치.

귀족은 '화족', 일반 무사는 '사족', 나머지 백성은 평민으로 새로운 신분을 부여했다. 또한 막부 타도에 공이 큰 번의 무사 계급은 중앙정부의 관리가 되어 정권을 장악했다(이를 '번벌 정권'이라 부른다).

　메이지 정부가 추진한 근대화란 곧 서양화였다. 이를 위해 서양을 벤치마킹할 사절단을 파견했다. 이와쿠라 도모미를 단장으로, 서른 살의 이토 히로부미 등이 포함된 '이와쿠라 사절단'은 2년 동안 유럽과 북미를 돌며 각국의 문물과 제도를 꼼꼼히 살펴보았다.

이를 바탕으로 메이지 정부는 법률, 교육, 금융, 군대, 교통부터 옷과 음식 등 일상생활까지 서양식 근대화를 추진했다. 헌법을 만들고 의회를 구성하는 등 덴노 중심의 근대국가 체제를 갖춘 일본이 가장 먼저 한 일은 해외 침략이었다. 이들이 따라 배운 국가들이 모두 서양 제국주의 국가였으니 당연한 귀결일지도 모른다. 메이지 유신의 선봉에 섰으나 근대화 과정에서 몰락한 하급무사들을 달래기 위해서도 해외 침략은 필수였다(메이지 정권은 폐도령으로 무사의 칼을 빼앗고, '사민평등'으로 특권까지 빼앗았다. 에도 시대나 메이지 시대나, 전쟁이 사라진 시기의 무사들은 찬밥 신세를 못 면했다). 타깃은? 불행히도 가장 가까운 조선이었다.

이제부터 우리에게도 익숙한 역사가 펼쳐진다. 일본은 무력으로 강화도조약을 맺고(미국과 똑같은 수법, 똑같은 불평등 조약이었다), 청일전쟁과 러일전쟁에서 승리하면서 조선에 대한 지배권을 확립했다. 이 과정에서 전쟁 특수를 통해 산업 또한 비약적으로 성장할 수 있었다. 승리 후 받은 배상금은 고스란히 산업자본으로 전환되었다. 제1차 세계대전은 일본 경제의 황금기를 가져왔다. 서구 제국주의 국가들이 전쟁을 하는 동안 일본은 전쟁 물자를 만들어 팔았으니까.

호황이 이어졌고 '나리킨'이라는 벼락부자들이 속출했다(이들 중에는 어두운 음식점에서 구두를 찾으려고 고액권 지폐 다발에 불을 붙였다는, 전설 같은 일화를 남긴 인물도 있다). 러시아를 견제하기 위해 맺었던 영일동맹을 근거로 독일에 선전포고를 하고는 중국 내 독일 식민지도 알뜰히 차지했다.

황금기를 가져왔던 제1차 세계대전이 끝나자 '일본의 근대화 롤러
코스터'는 곤두박질쳤다. 내리막의 시작은 전쟁이 끝나는 해(1918년)
일어난 '쌀 소동'(정확히 말하면 쌀 폭동)이었다. 도매상들의 담합으로 다
락같이 오른 쌀값에 항의하는 폭동이 전국적으로 일어난 것이다. 군
대가 출동해 겨우 진압한 쌀 소동의 근본적 원인은 양극화였다.

흥청망청 나리킨의 반대편에는 열악한 환경에서 뼈 빠지게 일해
도 먹고살기 힘든 노동자들이 있었다. 쌀값 폭등은 이들의 분노에 불
을 붙였다. 전쟁 후 수출 감소로 촉발된 전후 불황은 1923년의 간토
대지진*까지 겹치면서 만성화되었다. 1927년에는 금융공황과 뱅크
런(대규모 예금 인출) 사태가 벌어졌고, 1929년 뉴욕발 세계 대공황까지
덮치면서 일본 경제는 끝 모를 나락으로 떨어지고 말았다.

*간토 대지진

1923년 9월 1일 오전 11시 58분. 진도 7.9의 강진이 도쿄를 비롯한 간
토 지방을 덮쳤다. 이후 5일 동안 930여 회의 여진이 이어지고 쓰나미까지
몰려들면서 도쿄와 간토 지방은 역사상 가장 큰 피해를 입었다. 제1차 세
계대전의 호경기로 급팽창한 인구가 밀집해 있던 목조가옥에 대화재가 발
생하면서 피해를 더욱 키웠다. 사망·부상·실종자가 14만여 명, 이재민이
340만여 명에 이르렀다. 이 와중에 "조선인이 불을 지르고 우물에 독을 넣
었다."는 유언비어가 퍼지면서 6,000여 명의 조선인이 학살되었는데, 이는
일본 당국이 조선인을 희생양으로 삼기 위해 조작한 것으로 보인다.

전쟁으로 망한 일본, 전쟁으로 다시 살다

우리가 이미 알다시피, 끝이 보이지 않는 대공황을 탈출하기 위해 일본이 선택한 것은 전쟁이었다. 만주사변(1931)-중일전쟁(1937)-태평양전쟁(1941)을 연달아 일으키며 일본은 전쟁에 올인했고, 결과는 파국이었다. 전쟁 말기의 도쿄 대공습으로 10만 명, 히로시마와 나가사키 원폭 투하로 수십만 명의 일본 민간인이 죽었다. 마지막까지 덴노를 지키기 위한 '옥쇄 작전'(후퇴 없이 죽을 때까지 싸우는 작전)이 펼쳐진 오키나와에서는 전체 인구 중 4분의 1이 목숨을 잃었다. 일본이 일으킨 전쟁은 일본인뿐 아니라 아시아의 다른 나라 사람들에게도 재앙이었다. 그렇게 전쟁은 끝나고 일본을 접수한 것은 태평양전쟁을 승리로 이끈 미군 사령관 맥아더였다.

일본의 항복문서에 서명하는 맥아더

　탁월한 군인이자 노회한 정치가였던 맥아더는 전후 일본 사회의 환골탈태를 주도했다. 그야말로 뼈대를 바꾸는 개혁 작업의 목표는 일본의 영구적 무장해제와 민주화. 우선 전쟁 범죄자들을 체포해 재판*에 넘기고 일본의 군대와 군수 산업을 해체했다. 이때 '특A급 전범'이었던 쇼와 덴노(히로히토)가 빠진 것은 두고두고 비판받는 대목이다. 미국 정부는 덴노를 전범으로 기소할 것을 지시했지만, 맥아더는 "만약 덴노를 전범으로 처벌하면 일본이 다시 전쟁을 일으켜 백만 대군이 필요할 것"이라며 덴노 처벌에 반대했다.

　대신 덴노를 실권 없는 상징적인 존재로 만들어 일본을 개혁하는

* 도쿄 재판과 A급 전범들

일본 전범 재판의 정식 명칭은 '극동 국제 군사재판'이지만 흔히 '도쿄 재판'이라 불린다(참고로 나치를 처벌한 건 '뉘른베르크 재판'이다). 당시 연합군사령부는 전쟁범죄를 A급(침략 전쟁을 일으킨 죄)과 B급·C급(포로의 인권을 침해한 죄)으로 나누었는데, A급은 도쿄에서, 나머지는 범죄가 벌어진 해당 지역에서 재판을 열도록 했다. 도쿄 재판에는 모두 28명이 A급 전범으로 기소되었으며, 재판 도중 사망하거나 정신이상 증상을 보인 3명을 제외하고는 전원 유죄 판결을 받았다(사형 7명, 종신형 16명, 금고 20년 1명, 금고 7년 1명). 아베 전 총리의 외조부인 기시 노부스케는 전쟁 중 상공대신(경제장관)으로 A급 전범 용의자였으나 불기소 석방되어 이후 총리까지 올랐다.

데 활용했다. 그 결과, 전후에 만들어진 신헌법에서는 덴노를 상징적인 존재로 인정(1조)하는 대신, 전쟁과 무력의 사용을 영구히 포기(9조)하는 '거래'가 이루어졌다. 지금도 유지되고 있는 일본의 신헌법이 '평화헌법'으로 불리는 것은 9조 덕분이다(A급 전범 용의자의 외손자인 아베 전 총리가 그토록 바꾸고 싶어했던 것 또한 바로 헌법 9조다).

하지만 일본의 영구적 무장해제 방침은 1949년 중국이 공산화되면서 조금씩 삐걱대기 시작했다. 미국이 소련과 중국 등 공산권 국가들을 견제하기 위해 일본을 동아시아 군사 거점으로 삼은 것이다. 이듬해 일어난 한국전쟁은 이런 흐름을 더욱 부추겼다. 덕분에 한국전쟁 기간 중 일본과 연합국 사이에 맺어진 샌프란시스코 강화조약에

1964년 도쿄 올림픽 폐막식

서 일본의 배상책임이 상당 부분 줄어들었다. 일본을 서방 진영에 끌어들이기 위한 조치였다(이 와중에 일본은 강화조약에서 독도를 한국의 영토에서 빼는 데 성공했고, 이는 일본이 독도를 자기네 영토라 주장하는 주요 근거가 되었다). 샌프란시스코 강화조약과 함께 맺어진 미일 안전보장조약 등을 통해 일본의 군비 증강이 시작되었고 2년 뒤에는 자위대가 창설되었다. 일본의 재무장이 이루어진 것이다.

한국전쟁은 일본의 재무장뿐 아니라 일본 경제의 회복에도 결정적

인 계기가 되었다(당시 일본의 요시다 수상은 한국전쟁 발발 소식을 듣고는 '하늘
이 도왔구나!' 하며 쾌재를 불렀단다). 제2차 세계대전 패전 이후 멈췄던 일
본의 공장은 한국전쟁의 군수물자를 대기 위해 다시 가동하기 시작
했다. 한국전쟁 후에도 일본에서는 해마다 10퍼센트 이상 경제가 성
장하는 '진무경기'가 이어졌다(진무는 일본의 첫 덴노로, 우리로 치면 단군 같
은 존재다. 즉 '진무경기'란 '단군 이래 최대 호황'과 같은 뜻이다). 일본의 고도성
장은 도쿄 올림픽(1964년)과 오사카 엑스포(1970년)를 거치면서 절정
에 이르렀다.

경제성장은 정치의 보수화를 불러왔다. 전후 일본 보수 정당을 대
표하던 자유당과 민주당은 1955년 합당한 이후 40년 가까이 '집권
여당'의 지위를 유지했다(이건 뭐, 거의 1당 독재라 부를 만하다). 그동안 일
본의 경제는 오일 쇼크와 거품 붕괴를 거쳐 1990년대부터는 장기불
황으로 접어들었다. 정치 또한 1993년 자민당 장기집권이 끝나고 여
러 정당이 이합집산하는 정계 개편과 연립정권이 지금까지 계속되고
있다.

기억하자!
조야고아-나헤가무-센에메

자, 지금까지 조몬 시대부터 전후 일본까지 1만 2,000년의 일본사를 후루룩 살펴보았다. 일본사의 흐름이 어느 정도 잡히셨는지? 아직이라고? 이런! 그렇다면 다시 한 번 정리 들어간다. 이번에는 깔끔하게 표로 정리해보자.

연도	시대 구분	특징
BC 1만 년	조몬 시대	• 최초의 토기(조몬 토기) 등장 • 수렵 채취 생활
BC 3세기	야요이 시대	• 농경(벼농사) 시작(도래인) • 야요이 토기, 청동기, 철기 등 금속기 등장 • 잉여생산물, 빈부 격차, 소국 탄생(야마타이국)

연도	시대 구분	특징
3세기 후반	고훈 시대	• 거대 고분 등장 • 야마토 정권 세력 확장
6세기 후반	아스카 시대	• 아스카 천도 • 다이카 개신(646) – 소가 씨 축출 후 왕권 강화 • 덴무 덴노(673~686) – 덴노와 일본이라는 명칭 사용 • 다이호 율령(701) – 고대국가 완성
710년	나라 시대	• 나라 천도 • 후지와라 가문 주도 • 덴표 문화 – 화려한 귀족 문화(견당사, 견신라사)
794년	헤이안 시대	• 헤이안 천도 • 후지와라 가문 권력 강화 – 외척화, 셋칸 정치 • 상황 집권(원정) • 장원 발달 – 무사단 등장 • 겐페이 전쟁에서 미나모토 씨 승리
1185년	가마쿠라 시대	• 가마쿠라에 최초의 막부(무사 정권) 수립 • 쇼군이 지방관(슈고) 임명 • 원나라 침략 • 고다이고 덴노와 아시카가 다카우지가 협력해 가마쿠라 막부 타도
1336년	무로마치 시대	• 아시카가 씨가 무로마치에 막부 수립 • 고다이고 덴노는 요시노에 남조 수립(남북조 시대) • 남북조 통합(1392) • 잇키(봉기) 빈발, 슈고 다이묘 부상
1467년	센고쿠 시대	• 오닌의 난(1467~1477)으로 센고쿠 시대 시작 • 슈고 다이묘에서 센고쿠 다이묘로 • 오다 노부나가 – 통일 기초 다짐 • 도요토미 히데요시 – 전국 통일, 조선 침략 • 아즈치·모모야마 시대(1573~1603) – 오다와 도요토미 지배 • 도쿠가 이에야스 – 도요토미 히데요시 사후 권력 장악

연도	시대 구분	특징
1603년	에도 시대	• 에도 막부 수립(막번 체제) • 참근교대 등으로 평화, 번영 • 겐로쿠 문화 – 상인(조닌) 주도, 가부키, 우키요에 등 • 기근, 잇키, 서양의 침략 등으로 사회 혼란 • 미일 통상조약으로 혼란 가중 – 막부 타도 운동
1868년	메이지 시대	• 메이지 유신 – 막부 타도, 왕정복고 • 중앙집권 강화 – 폐번치현, 번벌 정권 • 근대화 추진 – 덴노 중심 입헌군주제 • 조선 침략 – 강화도조약 – 청일전쟁 – 러일전쟁 – 조선 강제병합
1912년	다이쇼 시대	• 요시히토 덴노 즉위 • 제1차 세계대전 황금기 • 전후 불황 – 쌀 소동, 간토 대지진, 대공황
1926년	쇼와 시대	• 히로히토 덴노 즉위 • 대륙 침략 – 만주사변 – 중일전쟁 – 태평양전쟁 • 패전 후 평화헌법 – 영구적 무장해제, 민주화 • 한국전쟁으로 경제 부흥, 재무장화 • 경제 고도성장, 정치 보수화
1989년	헤이세이 시대	• 아키히토 덴노 즉위 • 거품 붕괴 후 장기불황
2019년	레이와 시대	• 나루히토 덴노 즉위

* 메이지 이후의 시대 구분은 편의상 덴노(연호)를 기준으로 세분했으나 크게 신경 쓸 필요는 없다. '메이지 유신으로 근대화 – 패전 후 현대 일본의 시작'으로 이해하면 된다.

어떤가? 머릿속에 지금까지 살펴본 일본사의 장면들이 파노라마처럼 펼쳐지지 않나? 뭐, 아니어도 큰 상관은 없다. 일단 일본사의 흐름을 한 번 잡았다는 것이 중요하니까. 앞으로 일본 내 여행지를 둘러보면서 헷갈릴 때마다 이 표를 다시 찾아보면 된다. 아예 일본사의 시대 구분을 머릿속에 넣고 있으면 더욱 좋다. 먼저 아래 내용을 한 번 소리 내 읽어보자.

조몬(시대) – 야요이 – 고훈 – 아스카 – 나라 – 헤이안 – 가마쿠라 – 무로마치 – 센고쿠 – 에도 – 메이지

근데 다이쇼, 쇼와, 헤이세이는 왜 빠졌냐고? 새로운 덴노가 즉위했다고 새로운 시대가 열린 것이 아니니까. 오히려 전쟁에서의 패배가 중요한데, 이건 굳이 암기하지 않아도 알 수 있는 것이니 생략하기로 한다. 이렇게 줄였는데도 암기가 쉽지 않다면 간단하게 앞 글자만 따서 외울 수도 있다.

조야고아 – 나헤가무 – 센에메

역사의 시대 구분이란 내 위치를 알려주는 내비게이션과 같다. 공간의 위치가 아니라 시간의 위치라는 점이 다를 뿐. 내비게이션이 있으면 헤맬 염려가 없듯이 시대 구분을 확실히 해놓으면 헷갈릴 염려가 없다. 머릿속에 '시대 구분 내비게이션' 장착이 끝났다면 이제부터 본격적인 일본 역사여행을 떠나보자.

4도, 8지방, '도도부현시정촌'

일본의 역사를 이해하기 위해서는 일본의 지리를 아는 것이 필수다. 우선 기억해야 할 사실은 일본이 크게 4개의 섬으로 이루어졌다는 것(오키나와 제외). 가장 큰 혼슈를 중심으로 아래로는 시코쿠와 규슈, 위로는 홋카이도가 자리 잡았다. 4개의 섬은 다시 8개의 지방으로 구분된다. 이는 우리의 영동, 영서, 기호 지방이라는 구분처럼 오랜 세월을 거치면서 굳어진 개념으로, 공식적인 행정구역은 아니지만 일본인의 역사 서술이나 일상생활에서 흔히 쓰인다. 지도의 위에서부터 홋카이도[北海道], 도호쿠[東北], 간토[関東], 주부[中部], 간사이[関西], 주고쿠[中国], 시코쿠[西国], 규슈[九州]·오키나와[沖縄]다. 이 중 옛 수도인 교토, 나라 등이 포함된 간사이 지방은 수도권이라는 의미로 긴키

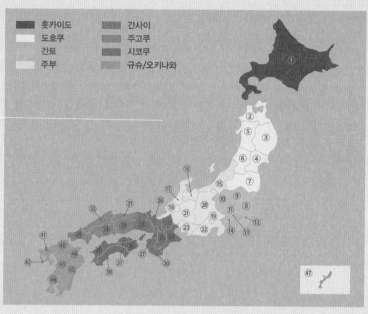

훗카이도	간사이		
도호쿠	주고쿠		
간토	시코쿠		
주부	규슈/오키나와		

① 홋카이도北海道	⑭ 가나가와현神奈川県	㉗ 오사카부大阪府	㊵ 후쿠오카현福岡県
② 아오모리현青森県	⑮ 니가타현新潟県	㉘ 효고현兵庫県	㊶ 사가현佐賀県
③ 이와테현岩手県	⑯ 도야마현富山県	㉙ 나라현奈良県	㊷ 나가사키현長崎県
④ 미야기현宮城県	⑰ 이시카와현石川県	㉚ 와카야마현和歌山県	㊸ 구마모토현熊本県
⑤ 아키타현秋田県	⑱ 후쿠이현福井県	㉛ 돗토리현鳥取県	㊹ 오이타현大分県
⑥ 야마가타현山形県	⑲ 야마나시현山梨県	㉜ 시마네현島根県	㊺ 미야자키현宮崎県
⑦ 후쿠시마현福島県	⑳ 나가노현長野県	㉝ 오카야마현岡山県	㊻ 가고시마현鹿児島県
⑧ 이바라키현茨城県	㉑ 기후현岐阜県	㉞ 히로시마현広島県	㊼ 오키나와현沖縄県
⑨ 도치기현栃木県	㉒ 시즈오카현静岡県	㉟ 야마구치현山口県	
⑩ 군마현群馬県	㉓ 아이치현愛知県	㊱ 도쿠시마현徳島県	
⑪ 사이타마현埼玉県	㉔ 미에현三重県	㊲ 가가와현香川県	
⑫ 지바현千葉県	㉕ 시가현滋賀県	㊳ 에히메현愛媛県	
⑬ 도쿄도東京都	㉖ 교토부京都府	㊴ 고치현高知県	

[近畿], 혹은 기나이[畿内]라고도 불린다.

'도도부현시정촌'은 메이지 시대의 폐번치현 이후 확립되어 현재까지 이어지는 행정 체계다. '도도부현'은 광역자치단체, '시정촌'은 기초자치단체에 해당한다. 일본의 광역자치단체는 1개의 도都(도쿄도)와 1개의 도道(홋카이도), 2개의 부府(오사카부, 교토부), 그리고 43개의 현県으로 이루어졌다(합이 47개다). 이 중 부와 현은 우리의 도와 비슷한 개념으로 폐번치현과 함께 생겨났다. 당시 메이지 정부는 여러 개의 번을 묶어 새로운 행정단위를 만들면서 중요한 지역은 부, 나머지는 현이라 칭했다. 이로써 도쿄부, 교토부, 오사카부 등이 생겨났는데, 그중 도쿄부는 도쿄도로 바뀌고 지금은 교토부와 오사카부만 남았다.

재미있는 것은 교토부와 오사카부의 중심도시는 각각 교토시와 오사카시인데, 도쿄도에는 도쿄시가 없다는 사실이다. 제2차 세계대전이 한창이던 1943년, 일본 정부는 수도의 기능을 강화하기 위해 도쿄시와 도쿄부를 합쳐 도쿄도를 만들었는데, 이 과정에서 도쿄시를 없애고 대신 그 지역을 '도쿄특별구'로 이름 붙였다. 현재 23개의 특별구는 저마다 자치권을 가졌지만 상하수도, 소방 등 광역서비스는 도쿄도가 맡고 있다. 흔히 도쿄시라고 하면 이 23개의 특별구를 가리키는데, 공식적으로 일본에 도쿄시라는 행정구역은 존재하지 않는다.

홋카이도의 도道는 8세기 후반에 성립되어 에도 시대에 사라진 행정구역 명칭이다(섬 도島 자가 아니라는 사실에 주의할 것). 일본 최북단 지역인 홋카이도는 일본인이 오랑캐라 부르던 에조(에미시 혹은 아이누라고도 불린다)의 땅이었다. 이름도 홋카이도가 아니라 에조치(에조의 땅)였다. 무로마치 시대부터 조금씩 에조치를 점령해가던 일본인은 메이지 시대에 이르러 마침내 전 지역을 지배하게 되었다. 그러고는 옛 행성구역 명칭을 따서 '홋카이도'라 붙인 이름이 지금까지 이어진 것이다.

　도도부현에 속해 있는 시정촌市町村은 인구에 따라 구분되는 기초자치단체다. 인구 5만 명 이상은 시, 1만 명 이상은 정, 그 이하는 촌으로 구분된다(정과 촌의 기준은 현마다 조금씩 다르다). 인구 5만 명을 기준으로 시와 군으로 나뉘는 우리 기초자치단체와 비슷하다.

2부:

일본 역사여행

1장
오사카

**일본을 먹여 살린
'천하의 부엌'**

오사카역사박물관, 오사카성, 도톤보리, 쓰루하시 그리고 히메지성

'여행하는 일본사'의 첫 목적지는 한국인들이 가장 많이 찾는 해외 도시, 오사카다. 최근 몇 년간의 해외여행 방문지 조사에서 오사카는 언제나 2위를 멀찍이 따돌린 부동의 1위였다(2, 3위 또한 후쿠오카와 도쿄 등 일본 도시들이다).

한국 사람들이 이리도 오사카를 애정하는 데는 몇 가지 이유가 있다. 오사카성을 비롯한 풍부한 볼거리, '천하의 부엌'이라는 별명처럼 푸짐한 먹을거리, 에도 시대부터 전국에서 몰려들었다는 갖가지 살 거리 등등. 그런데 이 모든 것이 켜켜이 쌓인 역사에서 비롯되었다는 사실을 아시는지?

지금부터 오사카의 다채로운 매력 속 숨은 역사를 하나하나 살펴보기로 하자.

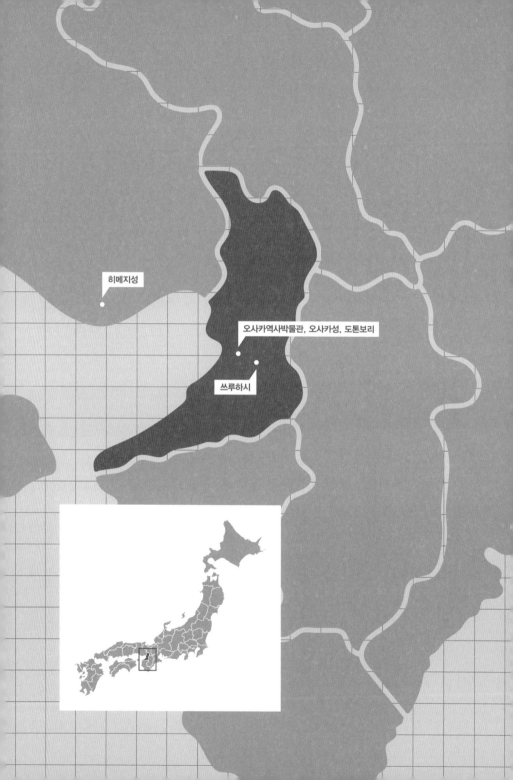

히메지성

오사카역사박물관, 오사카성, 도톤보리

쓰루하시

1,400년 도시의
역사를 한눈에

오사카역사박물관①

오사카를 상징하는 역사 유적은 도요토미 히데요시가 세운 오사카성이지만, 오사카 역사여행의 출발지로는 바로 옆 오사카역사박물관이 더 좋다. 고대에서 현재까지 오사카의 역사를 한눈에, 그것도 실물 크기 모형으로 실감나게 살펴볼 수 있기 때문이다. 위치 또한 오사카성에서 길 하나 건너라, 이곳에서 먼저 오사카 역사의 흐름을 잡고 성을 둘러보면 딱이다.

지하철 다니마치욘초메[谷町四丁目]역에서 3분 거리의 박물관에 도착하면 먼저 엘리베이터를 타고 맨 꼭대기 10층으로 올라갈 것. 여기선 바깥과는 사뭇 다른 풍경이 펼쳐진다. 7세기에 세워진 나니와 궁전 내부의 모습이 실물 크기로 재현되어 있는 것이다. 아름드리 붉은

오사카역사박물관 앞 유적지에 복원해놓은 고대 창고

옛 나니와궁 모형을 둘러보는 관람객들

기둥 수십 개가 줄지어 선 궁전에는 당시 복장을 갖춘 신하와 궁녀들의 실물 크기 모형이 관람객들을 맞아준다. 마치 타임머신을 타고 고대로 시간여행을 온 듯한 느낌. 박물관이 서 있는 자리가 바로 나니와 궁전의 유적 위란다(하, 이런 디테일이라니! 이렇게 꼼꼼한 의미 부여가 '일본다움'을 만든다).

나니와 궁전은 아스카 시대 소가 씨 세력을 척결하고 즉위한 고토쿠 대왕(앞으로는 편의상 '덴노'로 통일하겠다)이 세웠다(아스카 시대, 소가 씨와 고토쿠 덴노가 가물가물한 분들은 28쪽을 다시 볼 것). 나니와[難波: 거친 파도]는 해안도시 오사카의 옛 이름. 크고 화려한 궁전은 강력한 왕권을 상징한다.

소가 씨로부터 권력을 되찾은 고토쿠 덴노(재위 645~654년)는 여전히 귀족 세력이 강성한 아스카를 떠나 나니와로 수도를 옮겼다. 이때가 645년. 그렇다면 이제부터는 나니와 시대라고 불러야 하지 않을까? 이어지는 나라 시대와 헤이안 시대 또한 새로운 수도 이름을 딴 것이니까 말이다. 하지만 고토쿠 덴노의 뒤를 이은 사이메이 덴노(재위 642~645년, 655~661년)가 아스카로 컴백함으로써 '나니와 시대'는 역사 용어가 되지 못했다. 그런데 이 사이메이 덴노는 한반도와 인연이 깊다. 이 무렵 한반도에서 나당 연합군에 의해 백제가 멸망한 후 백제부흥운동이 일어나자 사이메이 덴노가 대규모 원군을 파견하기로 결정했기 때문이다(이후 일본에서 일어난 일에 관해서는 377쪽 참고).

여기서 잠깐, 일본과 백제의 관계를 알아보고 넘어가자. 기원전

300년 무렵 도래인이 일본에 문명을 전해준 이후 한반도와 일본은 활발히 교류했는데 그 중심에는 백제가 있었다(일본에 처음 한자를 전해준 왕인王仁도 백제 사람이다). 당연히 일본 조정에 친백제계 세력이 생겨났고, 사이메이 덴노 또한 친백제계 인물이었다고 한다. 이렇게 파견된 총 4만 명의 일본군은 백강(지금의 금강으로 추정)에서 나당 연합군과 맞붙었지만 참패하고 말았다. 그 결과 많은 백제 귀족이 일본에 망명했고, 이들 덕분에 일본 사회는 더욱 발전할 수 있었다.

'천하의 요새'에서
'천하의 부엌'으로

오사카역사박물관②

계단을 이용해 9층으로 내려오면 나니와 시대 이후 오사카의 모습이 20분의 1 크기의 디오라마로 손에 잡힐 듯 펼쳐진다(내려오는 길에 창밖으로 보이는 오사카성의 전망은 보너스!). 나니와궁이 버려지면서 한적한 농촌이 되었던 오사카가 다시 역사의 전면에 등장한 건 센고쿠 시대, '이시야마혼간지'라는 절이 세워지면서부터였다.

이시야마혼간지는 단순한 절이 아니라 세속 권력과 결탁한 불교 세력의 요새였다. 이곳에는 무장한 승병들이 머물면서 센고쿠 다이묘에 맞먹는 세력을 자랑했다(과연 전쟁이 일상이었던 센고쿠 시대다운 일이다). 승병들의 전투력은 전국 통일의 깃발을 든 오다 노부나가의 공격을 10년이나 막아냈을 정도로 대단했다. 마침내 이시야마혼간지를

강과 바다를 이용한 물류의 중심지 오사카의 모습이 재현되어 있다.

손에 넣은 오다는 불을 질러 절을 폐허로 만들어버렸단다. 오다의 뒤를 이은 도요토미가 이 자리에 오사카성을 쌓고 자신의 근거지로 삼으면서 오사카는 본격적으로 발전하기 시작했다.

도쿠가와의 에도 시대에 오사카는 '천하의 부엌'으로 불리며 전성기를 맞았다. 전국에서 생산한 쌀과 특산물, 다양한 상품들이 오사카에 모였다가 에도로 공급되었기 때문이다. 물자의 이동이 주로 강과 바닷길을 통했기에 '물의 도시'라는 별칭도 붙었다. 오사카[大阪: 큰 언

메이지 유신 이후 태평양전쟁 전까지, 오사카는 일본 산업혁명의 중심지였다.

덕]라는 이름이 생긴 것도 이 시기였다.

'천하의 부엌'이라는 별명은 '맛있는 음식이 많다'는 의미보다는 '천하를 먹여 살릴 만큼 물산이 풍부하다'는 뜻에 가깝다. 에도가 정치의 중심이라면 오사카는 일본 최고의 경제도시였다. "모우카리맛카もうかりまっか?"(벌이는 좀 위떠) 하는 오사카 특유의 (사투리) 인사말이 생겨난 것도 이 무렵이었다.

메이지 유신 이후 오사카는 전통의 상업 중심지에서 공업도시로 변신했다. 정부 주도의 군수 공장과 대규모 방적 공장이 산업화를 이끌었다. 제1차 세계대전의 호황으로 급성장을 이룩한 후에는 간토 대지진으로 타격을 입은 도쿄를 제치면서 자타공인 일본 제1의 대도시로 올라섰다(덕분에 오사카 사람들의 자부심은 지금도 대단하다).

이 시기 화려했던 오사카의 모습을 박물관 7층에서 확인할 수 있다. 여전히 오사카 최대의 유흥가로 손꼽히는 신사이바시와 도톤보리의 그 시절 모습이 실물 크기로 재현되어 있으니까. 요즘의 멀티플렉스만큼이나 붐볐던 가부키 극장과 없는 것 빼고 다 있는 시장 사이를 걷다보면 그야말로 '천하의 부엌' 속으로 들어간 듯하다.

하지만 이 모든 부귀영화는 전쟁으로 한순간에 물거품이 되고 말았다. 제2차 세계대전 당시 수십 번의 공습으로 시가지 대부분이 폐허가 되었던 것. 이후 오사카는 한국전쟁을 거치면서 재도약에 성공해 일본 경제의 중심이자 일본 제2의 도시로 오늘에 이르고 있다.

물거품이 된 '대대손손'의 야망

오사카성①

나니와 궁전부터 전후 부흥까지 1,400년 오사카 역사를 훑어보았다면, 이제는 오사카성을 집중 공략할(?) 차례다. 앞서 이야기한 것처럼 오사카성은 전국 통일을 이룬 도요토미 히데요시가 대대손손 권력을 물려주기 위해 심혈을 기울여 쌓은 성이다.

'축성의 달인'이었던 도요토미 히데요시는 오사카성을 쌓으면서 두 가지 목적을 분명히 했다(도요토미는 스노마타성을 하루 만에 쌓은 것으로 유명하지만, 물론 과장이다. 다만 히메지성을 증축하고 히젠나고야성을 쌓는 등 유명한 성을 여럿 쌓았다. 사실 축성 책임자는 따로 있었고). 먼저 어떠한 적의 공격도 막아낼 수 있을 것, 또한 천하를 다스리는 데 부족함이 없는 규모와 위엄을 자랑할 것! 강처럼 넓은 해자와 절벽처럼 깎아지른 외벽을 보

면 정말 '난공불락'이라는 말이 실감난다. 오사카를 관통하는 요도 강을 끌어들여 만든 해자는 성의 바깥쪽과 안쪽을 이중으로 감쌌고, 그 중심에는 55미터 높이의 천수각(성의 중심 건물)이 들어섰다(여기에 들어앉아 조총만 쏘고 있어도 적을 물리칠 수 있을 듯).

성을 완성한 후에는 오다 노부나가의 본거지였던 아즈치(시가현 비와 호수 인근) 등 각지의 부유한 상인들을 강제이주시켜 광대한 성 아래 도시(조카마치[城下町]라고 한다. 발음에 유의할 것!)를 건설했다. 천하를 호령하는 무력에 더해 자손만대 먹고살 경제력까지 갖춘 것이다.

하지만 우리가 이미 살펴보았듯, 도요토미 가문의 권력 세습은 2대를 채 가지 못했다. 히데요시가 62세에 죽은 후 권력은 늦둥이 외아들 히데요리(당시 7세)가 아니라 도쿠가와 이에야스에게로 넘어갔다. '기다림의 화신'이었던 도쿠가와는 쇼군이 된 후에도 '히데요리 처리'를 서두르지 않았다. 세키가하라 전투 후에도 여전히 도요토미 가문을 따르는 다이묘들이 전국에 포진해 있었기 때문이다. 도쿠가와는 오히려 '히데요리의 보호자'를 자처하며 자신의 손녀를 히데요리에게 시집보냈다.

그러면서 히데요리 제거를 위한 치밀한 작전을 수립하고 실행에 들어갔다. 작전은 히데요리에게 아버지인 히데요시가 세웠다가 폐허가 된 교토의 호코지[方広寺]를 재건할 것을 제안하면서 시작되었다. 효심을 자극하는 처할아버지의 제안을 받아들인 히데요리는 엄청난 돈을 들여 호코지를 다시 지었다. 그렇게 도요토미 히데요리가 가산을 탕진하는(?) 동안 도쿠가와 이에야스는 외국에서 대포와 화약을 구입하는 등 차근차근 전쟁 준비를 했다.

'꼼수의 달인' 도쿠가와 이에야스

오사카성②

드디어 호코지가 완성되자 도쿠가와 이에야스는 2단계 작전에 돌입했다. 그곳의 범종에 자신을 저주하는 문구가 들어갔다는 (사실은 말도 안 되는) 트집을 잡고 전쟁을 일으킨 것이다(1614년 오사카 겨울전투). 그런데 여기서 미처 생각지 못했던 문제가 발생했다. 오사카성이 그야말로 난공불락이었던 것! 20만 대군이 성을 포위했지만 오사카성은 도무지 뚫릴 생각을 하지 않았다.

가지고 온 군량미가 떨어질 무렵, 도쿠가와 이에야스는 도요토미 히데요리에게 화친을 제안했다. 호코지 범종의 문구에 대한 책임을 더 이상 묻지 않는 대신 오사카성의 해자를 메우고 성곽을 부수는 조건이었다. 뭐 이런 말도 안 되는 조건이 다 있느냐고 생각하겠지만,

오사카성 전투를 재현한 디오라마

도요토미 히데요리의 자결 터에 세운 석비

이건 일본에서 고대부터 전쟁을 멈출 때면 형식적으로 달던 조건이었다. 보통 해자의 일부를 메우는 시늉만 하고 끝났다.

히데요리도 그리 생각하고 화친에 합의했지만 도쿠가와는 지역 주민들까지 동원해 단 며칠 만에 해자를 몽땅 메우고 성곽마저 부숴버렸다. 일흔 넘은 노장군이 어린 손녀사위한테 이런 꼼수를 쓴 것이다! 하지만 동서고금을 막론하고 전쟁은 원래 그런 것이다. 수단과 방법 따위는 가리지 않는 자만이 승리를 거머쥐는.

한숨을 돌린 도쿠가와 이에야스는 일단 본진으로 돌아가 천천히 전열을 가다듬은 후 다시 공격했다(1615년 오사카 여름전투). 방어 시설이 허물어진 오사카성은 허무하게 무너졌고, 히데요리는 어머니와 함께 자결하고 말았다. 히데요리의 어린 아들(도쿠가와 이에야스의 증손자는 아니고, 측실과의 사이에서 난 아들이다)도 목숨을 잃으면서 자손만대 권력을 이으려던 도요토미 히데요시의 꿈 또한 물거품이 되었다. 권력 세습은커녕 대마저 끊긴 것이다. 지금도 오사카성의 광장 한 구석엔 이들 모자가 자살한 장소를 알리는 자그마한 석비가 말없이 서 있다.

도요토미 히데요리 사후 오사카성은 주인의 운명과는 달리 되살아났다. 이 지역의 전략적 중요성을 충분히 알고 있었던 도쿠가와가 오사카성을 재건한 것이다. 전체적으로 규모는 4분의 1쯤으로 줄었지만 천수각은 오히려 더 높아졌다(세상에, 그러니까 도요토미 히데요시의 오사카성은 지금 우리가 보는 성보다 네 배는 더 컸다는 이야기다!). 더불어 운하를 파고 물길을 조성하면서 에도 시대 오사카는 '천하의 부엌'이라는 명성

이 멋진 천수각은 현대에 철근콘크리트로 지은 것이다.

을 얻을 수 있었다.

　이렇듯 오사카는 전성기를 맞았지만, 오사카성은 벼락을 맞아 천수각이 불타는 등 시련에 시달렸다. 소실된 천수각은 수백 년 동안 방치되었다. 평화로운 에도 시대에는 난공불락의 성이 필요 없었던 탓이다. 천수각은 에도 시대와 메이지 시대까지 지난 1931년이 되어서야 다시 지어졌다. 여기에는 당시 오사카가 도쿄를 제치고 명실공히 일본 제1의 도시로 올라섰다는 자부심도 한몫했다.

　그런데 고증과 복원은 엉망이었다. 전통 방식이 아니라 철근콘크

다도 애호가 도요토미 히데요시의 황금다실(사진은 시즈오카 MOA미술관의 복원품)

리트로 8층짜리 건물을 올리고는 엘리베이터(!)까지 설치했다. 도요
토미 히데요시 당시와 에도 시대의 양식을 짬뽕한 외양도 어색했다.
이렇게 재건된 천수각은 제2차 세계대전 중 미군의 오사카 공습에도
요행히 살아남아 오사카의 상징이 되었다(그러니까 현재 오사카성의 나머
지 건물들은 대부분 전쟁 후에 다시 지어졌다는 이야기다).

　현재 8층으로 구성된 천수각 내부는 도요토미 히데요시와 오사카
성의 역사를 소개하는 전시관으로 운영되고 있다. 특히 다도 애호가
였던 도요토미 히데요시의 황금다실을 복원해놓은 방이 눈길을 사로

오사카성 천수각에서 내려다보는 오사카 풍경

잡는다. 꼭대기까지 한 층 한 층 올라가다보면 마침내 오사카성뿐 아니라 시내가 한눈에 보이는 전망대에 이른다. 과거와 현재가 어우러진 풍경을 보며 오사카성과 도시의 역사를 떠올려보자(그림 같은 전망을 보며 멍 때리기에도 그만이다).

'먹다 망하는 거리'의 역사

도톤보리①

"교토 사람들은 입다 망하고, 오사카 사람들은 먹다 망한다."

오사카 최대의 먹자골목이자 술집거리인 도톤보리에 들어서면 이런 일본 속담을 실감할 수 있다. 오죽했으면 '구이다오레노마치食い倒れの街'(먹다 망하는 거리)라는 별명이 붙었을까. 그런데 먹다 망하는 거리에도 역사가 있다. 만만치 않은 규모의 오사카성을 보느라 배도 출출할 테니, 가까운 도톤보리로 가서 맛있는 역사 이야기를 들어보는 건 어떨까? 오사카 대표 음식들을 맛보면서 말이다.

도톤보리는 미나미[南] 오사카를 가로지르는 도톤보리 강을 둘러싼 지역이다. 정확히는 강의 남쪽 지역 이름이지만 보통은 북쪽인 소에몬초까지 아우른다. 강이 생겨난 뒤에 그 이름을 딴 지역이 발전했으

도톤보리의 상징, 글리코맨

니 도톤보리의 역사를 알기 위해서는 도톤보리 강의 역사를 먼저 알아야 한다. 뭐, 강이야 옛날 옛적에 자연히 생겨난 것이 아니냐고? 도톤보리 강은 좀 다르다.

때는 에도 시대 초기인 1612년. 도요토미 히데요리가 아직 오사카 성의 성주이던 시절이었다. 당시 이 지역의 상인이던 나리야스 도톤 [成安道頓]은 더 많은 물자를 수송하려면 운하가 필요하다고 생각했다. 생각만 한 것이 아니라 직접 실행에 옮겼다. 도요토미 가문의 허락을 받은 후 동료들과 함께 사재를 털어 운하를 파기 시작한 것이다. (상인들이 스스로 운하를 만들다니, 에도 시대에 상업이 발전할 수밖에 없었을 듯!)

다이쇼 시대(1921년)의 도톤보리 강을 묘사한 우키요에(가와세 하스이川瀬巴水 작품)

하지만 운하가 거의 완성될 무렵 벌어진 오사카 여름전투에서 히데요리의 편에 섰던 나리야스 도톤은 그만 전사하고 말았다. 다행히 그의 뜻을 이은 사촌동생이 운하를 완성하고 '도톤보리가와[道頓堀川: 도톤이 판 강]'라는 이름을 붙였다.

지금도 자를 대고 그은 줄처럼 곧게 뻗어 있는 도톤보리 강은 이렇게 태어났다(강변 산책로 끝에 있는 닛폰바시[日本橋. 도쿄에 있는 다리는 똑같은 한자를 쓰고 '니혼바시'라고 읽는다]는 그 시절 운하와 함께 만들어진 다리다).

도톤보리 강은, 정확히 얘기하자면 강이라기보다는 운하다.

2부 일본 역사여행

'오사카 3대 먹거리'에도
역사는 흐른다

도톤보리②

자, 도톤보리 강이 태어났으니 이제는 도톤보리 타운이 생겨날 차례. 당시 유명했던 가부키 극장이 이 지역으로 이사를 오면서 스타트를 끊었다. 뒤이어 다른 극장들도 문을 열면서 도톤보리는 오사카를 대표하는 극장가로 부상했다(요즘으로 치면 '오사카의 브로드웨이'라고나 할까). 에도 시대 겐로쿠 문화를 대표하는 가부키는 폭발적인 인기를 끌었고, 가부키를 보기 위해 온 사람들을 겨냥한 요릿집과 술집이 덩달아 모여들면서 지금과 같은 유흥가가 형성되었다(겐로쿠 문화가 뭐지? 하는 독자는 49쪽을 볼 것).

재미있는 건 그때도 부자와 서민은 노는 지역이 달랐다는 점이다. 도톤보리 강 북쪽 지역은 부자들을 위한 고급 요정과 요릿집이, 남쪽

에도 시대부터 오사카의 대표적인 유흥가였던 도톤보리

오사카를 대표하는 서민 음식, 오코노미야키

구시카쓰는 빵가루를 입혀 튀긴 꼬치 요리다.

지역은 서민들이 몰리는 선술집과 왁자지껄한 먹자골목이 들어섰단다. 이런 전통(?)은 지금까지 이어져, 강의 북쪽은 바와 클럽이 모인 고급 유흥가, 남쪽은 온갖 음식점이 모여 있는 먹자골목이다(최근에는 한국식 김밥집과 떡볶잇집이 생겼다).

기왕 먹는 얘기가 나왔으니 조금 덧붙이자면, 흔히 '오사카 3대 먹거리'로 꼽히는 오코노미야키, 다코야키, 구시카쓰는 모두 서민의 음식이었다. 오코노미야키는 채소, 고기, 해물 등 무엇이나 넣고 굽는 일본식 빈대떡이다. 이름 자체가 '오코노미お好み(내 취향) + 야키焼き(구이)'인지라 자기가 좋아하는 것이라면 무엇이나 넣고 구우면 된다. 이는 전쟁 직후 먹을 것이 부족한 때에 오사카의 어머니들이 자식들을 위해 만든 음식에서 유래되었다고 한다. 몇 가지 안 되는 식재료를 그래도 맛있게 먹이기 위해 기름에 부쳤다는 것이다(오사카의 오코노미야키는 똑같은 유래를 가진 히로시마의 오코노미야키와 원조 논쟁 중이다). 문어가 든 풀빵인 다코야키たこ焼き는 1930년대 오사카의 노점상이 고안한 길거리음식이었고, 비슷한 시기 오사카의 이자카야에서 시작되었다는 구시카쓰串カツ는 고급 튀김요리인 덴푸라의 '서민용 안주 버전'이었다.

지금까지 설명 듣느라 고생하셨다. 도톤보리의 먹자골목에서는 오사카 3대 먹거리를 모두 맛볼 수 있으니, 취향에 따라 골라 먹은 뒤 다시 출발하자.

'재일조선인'의
땀과 눈물

쓰루하시①

도톤보리에서 지하철로 두 정거장 떨어진 쓰루하시는 오사카 최대의 코리아타운이다. 현재 80만 명을 헤아리는 재일교포의 거의 20퍼센트가 오사카에 살고 있다니, 쓰루하시는 오사카를 넘어 일본 최대의 코리아타운인 셈이다(격투기 선수 출신의 방송인이자 '사랑이 아빠' 추성훈의 본가도 이곳이란다).

지하철역을 나서면 좁은 골목 좌우로 김치와 떡, 지지미(부침개), 각종 반찬 등을 파는 가게들이 빼곡하다. 언뜻 우리네 전통 시장을 빼다 박은 듯. 일본에 이런 곳이 다 있네, 하는 감탄이 절로 나온다.

역에서 좀 떨어진 곳에는 '코리아타운'으로 불리는 또 다른 쓰루하시 시장이 있다. 이곳은 역전 시장보다 규모가 훨씬 더 크다. 시장 입

쓰루하시 시장 입구를 알리는 백제문

쓰루하시 시장에서는 수십 가지 종류의 김치와 한국식 밑반찬을 판다.

구에는 차이나타운 패루를 닮은 '백제문百済門'이 보이고, 아래에는 Korea Town이라는 영문이 선명하다. 이어지는 메인도로뿐 아니라 거미줄처럼 이어진 작은 골목까지 한국 음식과 물건을 파는 가게들이 가득하다. 최근에는 한류 열풍을 타고 관련 상품점들까지 생겼다. 이곳에 처음 시장이 생긴 것은 태평양전쟁 직후. 당시 미군 등에서 나온 물건을 파는 암시장이 시작이었단다. 여기에 재일교포들의 땀과 눈물이 더해져 이제는 야구장 두 배 크기의 시장으로 성장했다.

쓰루하시 시장의 왁자지껄한 활력 뒤에는 80만 재일교포들의 고단했던 역사가 숨어 있다. 비극의 시작은 일제의 조선 강점이었다. 한반도의 사람들은 하루아침에 일본제국의 국민, 그것도 차별받는 2등 국민이 되었다. 일본 '본토'의 1등 국민들이 몰려오자 식민지의 2등 국민들은 땅도 집도 빼앗기고 고향을 떠나야 했다. 그중에는 만주나 러시아로 떠난 사람들도 있지만 점점 더 많은 사람이 일본으로 향하게 되었다. 제1차 세계대전으로 호황을 맞은 일본 경제는 더 많은 노동자가 필요했기 때문이다. 일본 내무성의 조사에 따르면 1911년 2,527명이었던 재일조선인은 1920년에는 32,189명으로, 1930년에는 298,061명으로 증가했다.

1923년 간토 대지진 때 6,000여 명의 재일조선인들이 학살을 당했고, 이후에는 일본에서도 불황이 이어졌지만, 일본으로 향하는 조선인들의 발걸음은 늘어만 갔다. 한반도의 상황이 훨씬 더 열악했던 탓이다. 중일전쟁과 태평양전쟁을 일으킨 일제는 '징용'이라는 이름으로 수십만 명의 조선인들을 강제로 끌고 가 일을 시켰다.

이렇게 늘어난 재일조선인在日朝鮮人(자이니치조센징)의 수는 태평양전쟁 종전 당시 200만 명에 달했다. 해방 후 그중 140만 명가량이 조국으로 돌아갔지만, 나머지 60만 명은 여러 가지 사정으로 일본에 남았다. 특히 군수 공장이 몰려 있던 오사카에는 20만 명이나 되는 재일조선인이 남아 있었다.

일본의 차별,
'자이니치'의 투쟁

쓰루하시②

1952년 발효한 샌프란시스코 강화조약으로 일본이 주권을 회복하자 또 한 번의 비극이 일어났다. 일본 정부가 재일조선인들의 일본 국적을 박탈해버린 것이다(그때까지는 해방 이전에 받았던 일본 국적을 유지하고 있었다). 당시에는 남한과 북한 모두 일본과 수교하지 않았으므로 대한민국이나 조선민주주의인민공화국의 국적을 갖는 것도 불가능했다. 이미 1947년 일본은 재일조선인을 외국인으로 분류하면서 '조선적'을 부여했다. 이때의 조선은 '조선민주주의인민공화국'이라는 국가가 아니라 '조선 반도'라는 지역을 뜻하는 말이었다(일본인들은 지금도 한반도를 조선 반도, 한민족을 조선 민족이라 부른다).

'조선적'은 일본 국적 박탈의 전주곡이었다. 이때만 해도 '절반은 외국인, 절반은 일본인' 취급을 받았지만, 샌프란시스코 강화조약 이후 '조선적'은 '무국적'이 되어버렸다. 그래서 이들은 한국인도 일본인도 아닌 '자이니치[在日]'로 불렸다. '자이니치조센징(재일조선인)'의 줄임말이다. 이들은 오랫동안 (그리고 지금도) 재일교포가 아니라 자이니치였다.

하루아침에 무국적자가 되어버린 자이니치를 향해 각종 차별이 시작되었다(사실은 차별하기 위해 무국적자로 만든 것이다). 의료보험이나 연금에 가입할 수도, 공무원이 될 수도, 취직할 수도, 심지어 집을 임대할 수도 없었다. 자이니치의 역사는 '차별을 없애기 위한 투쟁사'라 해도 과언이 아니다. 이 과정에서 많은 진전이 있었으나 일본에서 자이니치로 사는 것은 여전히 어려운 일이다. 특히 눈에 보이지 않는 차별은 계속되고 있다.

1965년 한일수교를 맺으면서 자이니치의 역사는 새로운 전기를 맞았다. 우선 한국 국적을 선택하는 일이 자유로워졌고(여전히 북한 국적을 갖는 건 불가능하다), 대한민국에서 일본으로 향하는 새로운 이민자들이 생겨났다. 이들은 일본에서 자이니치가 아니라 '뉴커머new comer'라 불린다. 이후 많은 자이니치가 대한민국 국적을 선택했으나 일부는 여전히 조선적을 유지하고 있다. 이들에게 '조선적'이란 차별과 맞서 싸워온 자존심과도 같은 의미이기 때문이다. 그렇다고 해서 대한민국을 선택하거나 일본에 귀화한 이들이 이런 자존심을 버렸다는 건 아니다. 이들은 필요에 의해 국적을 선택한 것일 뿐, 스스로 '자

자이니치의 투쟁사를 볼 수 있는 오사카코리아타운역사자료관

자이니치의 정체성과 자부심을 지키기 위한 노력을 살펴볼 수 있다.

이니치'라는 정체성을 유지하고 있다.

　남의 나라에서 살아가는 건 어디에서나 쉽지 않은 일이다. 재일조선인의 경우에는 더욱더 힘들었다. 일본 정부의 차별과 조국의 무관심 속에서 오롯이 자신들만의 힘으로 살아남아야 했으니까. 이곳에 뿌리를 내리고 살아가는 자이니치의 어제와 오늘을 살펴보는 것은 일본이 저지르고 우리가 외면한 가슴 아픈 현대사를 알아가는 일이다. 이것은 일본사이자 대한민국의 역사이기도 하다. 이런 자이니치와 쓰루하시의 역사는 2023년 문을 연 '오사카코리아타운역사자료관'에서 자세히 살펴볼 수 있다.

유네스코 세계문화유산이 된 유일한 일본 성

히메지성

오사카성의 콘크리트 복원에 실망했다면 이곳에 가야 한다. 오사카에서 약 80킬로미터, 신칸센으로 30분 남짓 걸리는 효고현 히메지시. 여기에는 일본의 성城 중 유일한 유네스코 세계문화유산이자 가장 아름다운 성으로 꼽히는 히메지성이 있다. 하얀 외벽과 나는 듯한 지붕이 백로를 닮았다고 '하쿠로[白鷺: 백로] 성'이라 불리기도 한다.

14세기에 처음 세워져서 여러 번의 증축을 거쳐 17세기에 완성된 모습을 그대로 간직하고 있는 것도 히메지성의 자랑이다.* 흔히 '일본의 3대 성'으로 꼽히는 오사카성, 구마모토성, 나고야성은 모두 소실되었다가 20세기에 콘크리트를 사용해 복원한 것들이다. 뭔가 속은 기분이라고? 그럴 것까진 없다. 이것들이 3대 성으로 불리기 시작한 것은 아직 건재했던 에도 시대의 일이었으니까.

JR히메지역(혹은 산요히메지역)을 나서면 널찍한 대로의 끝에 새하얀
히메지성의 천수각이 보인다. 가까이 갈수록 점점 더 커지는 천수각은
마침내 성문에 이르면 거대한 위용을 드러낸다. 외벽은 물론 날렵한
지붕의 기와마저 흰빛이 감도는 것이 '백로성'이라는 별명 그대로다.

사실 히메지성의 천수각이 하얀 이유는 아름다움이 아니라 방어
를 위해서다. 목조건물인 천수각을 불화살로부터 보호하기 위해 회
반죽을 두껍게 발라 하얗게 된 것이다. 기와는 원래 검은색이지만
2009~2011년 대대적인 보수공사를 하면서 바람에 떨어지지 말라
고 두꺼운 회반죽으로 이음새를 덮어서 아직 흰색이 남아 있단다. 이
건 옛날부터 내려오는 기와 보수공사 방식으로, 시간이 더 지나면 완

백로성의 위용이 드러나는 히메지성 천수각

보수공사 당시의 히메지성 내부

전히 검은 빛깔로 돌아온다고 한다. 푸른 하늘 아래 새하얀 천수각도 아름답지만 노을이 질 무렵 붉게 물드는 천수각은 더욱 환상적이다.

이렇게 멋진 천수각에 이르는 길은 미로처럼 구불구불 이어져 있다. 방어 효과를 위한 것이지만 관람객들에게는 미로 찾기의 즐거움을 주기도 한다. 담벼락에는 총과 화살을 쏠 수 있는 구멍이 즐비하고 곳곳에 함정과 매복 장소들이 숨어 있다. 기록에 따르면 이와 같은 성 안의 공격 포인트가 모두 2,500여 곳 있었다는데, 지금은 287곳이 남아 있단다.

담벼락의 총과 화살 공격 구멍이 기하학적 문양을 이룬다.

보통의 일본 성은 혼마루本丸(중심 성곽), 니노마루二の丸(제2성곽), 산노마루三の丸(제3성곽)의 3중 구조인데, 히메지성은 여기에 니시노마루西の丸(서쪽 성곽)와 데마루出丸(방어 성곽)까지 더한 5중 구조다. 더불어 완벽한 방어를 목적으로 들어선 많은 건물이 완벽에 가깝게 보존되어 있어 히메지성이 보유한 국보만 8채에다 중요문화재(우리로 치면 보물)는 74채에 이른다(성 안의 건물 대부분이 국보 아니면 보물인 셈이다).

이렇게 대단한 히메지성이 처음 세워진 것은 센고쿠 시대의 일이었다. 처음에는 자그마한 성이었으나 도요토미 히데요시가 천수각을 새로 지으면서 몸집을 불렸다. 거대한 성으로 다시 태어난 것은 에도 시대에 도쿠가와 이에야스의 사위(이자 권력 실세)인 이케다 데루마사가 히메지성의 주인이 되면서다. 그 뒤 이에야스의 손녀사위인 혼다 다다토키가 새로운 성주가 되면서 지금과 같은 규모를 갖추게 되었다(이때 아내 센히메*의 지참금으로 니시노마루를 추가로 세웠다고 한다). 이후 지금까지 몇 번의 대규모 보수공사를 통해 히메지성은 당시의 모습을 그대로 유지하고 있다. 덕분에 성을 모두 둘러보는 데 두 시간 이상 족히 걸릴 뿐 아니라 엄청난 숫자의 계단을 오르내려야 하니, 마음의 준비뿐 아니라 체력도 충분히 다져놓는 것이 좋다.

* 아름다운 센히메의 파란만장 일생

도쿠가와 이에야스의 아름다운 손녀였던 센히메의 첫 남편은 도요토미 히데요리였다. 당연히 할아버지 손에 이끌린 정략결혼이었지만 부부의 금슬은 아주 좋았단다. 남편이 할아버지에게 패하자 함께 죽으려고 했을 정도. 이후 도쿠가와는 센히메를 자신의 심복과 재혼시키려 했으나, 센히메는 거절하고 혼다 다다토키를 선택했다(화가 난 심복이 혼인 날 신부를 납치하려는 계획을 세웠으나 실패했다). 우여곡절 끝에 재혼한 남편과도 사이가 좋았으나 그마저 일찍 죽어 결국 센히메는 여승이 되었다고 한다.

#姫路城
#HimejiCastle

2장
나라

불교로 꽃피운
일본 고대 문화의 보고

아스카, 호류지, 헤이조큐 유적,
도다이지, 고후쿠지, 가스가타이샤

오사카와 이웃한 나라[奈良]는 일본 고대 문화의 보고寶庫다(실제로 이곳엔 당시 덴노의 보물 창고가 지금도 남아 있다. 물론 보물도!). 찬란한 불교 문화를 꽃피우며 '아스카 시대'를 열었던 아스카[飛鳥], 일본 최초의 유네스코 세계문화유산인 호류지, 나라 시대의 궁성인 헤이 조큐 등이 모두 나라시와 그 인근에 모여 있다.

하지만 아는 만큼 보인다고 하지 않나. 야마토 조정이 다스리던 일본 고대국가의 역사 를 모르면, 보이는 건 그저 큰 절과 거대한 불상, 널찍한 벌판일 뿐이다. 그 위에 흥미 진진한 역사적 사건들을 얹고, 파란만장한 인물 이야기까지 더해야 문화유산이 증강현 실처럼 살아나게 된다.

자, 역사의 상상력을 활짝 펼 준비를 하고, 다시 한 번 출발이다.

헤이조큐 유적

호류지

도다이지, 고후쿠지, 가스가타이샤

아스카

일본 고대 문화의 요람 겸
하이킹 명소

아스카①

어쩌면 실망할지도 모르겠다. 나라 역사여행의 출발점이자 야마토 정권의 첫 수도였다는 아스카는, 그저 한적한 시골 마을처럼 보이니까. 아니, '찬란한 아스카 문화'는 대체 어디에 있는 거야?

사실 '찬란한 아스카 문화의 정수'는 이곳이 아니라 20킬로미터쯤 떨어진 호류지에 있다. 이곳에도 한창때에는 거대한 궁전과 귀족의 저택, 사찰들이 있었다고 전해지지만, 지금은 주인을 알 수 없는 옛 무덤들과 자그마한 사찰, 흔적만 남은 궁전 터뿐이다. 하긴, 나라로 도읍을 옮긴 후 1,300여 년 동안 버려지다시피 했다니 그럴 만도 하다. 하지만 실망할 필요는 없다. 호류지가 활짝 핀 꽃이라면, 아스카는 그 뿌리다. 역사와 문화의 꽃은 그 뿌리를 살펴야 훨씬 더 잘 보이

아스카역사공원관에서는 다양한 멀티미디어 자료와
이 지역을 3,000분의 1 크기로 축소해놓은 입체 모형이 이해를 돕는다.

는 법.

거기다 아스카에는 유적들을 연결하는 자전거 길이 잘 닦여 있어
하이킹 코스로도 그만이다. 파란 하늘 아래 시원한 바람 맞으며 한적
한 옛 도읍지를 자전거로 달리는 기분이란! 벚꽃 피는 봄이나 단풍
드는 가을에는 더욱 좋다. 자전거는 역 앞 대여소에서 빌릴 수 있는
데, 언덕길도 제법 있으니 체력에 자신이 없다면 전동 자전거가 좋다.
아무튼 자전거까지 빌렸다면, 이제 진짜 출발이다.

먼저 도착한 곳은 아스카의 역사를 한눈에 볼 수 있는 아스카역사
공원관. 다양한 멀티미디어 자료와 이 지역을 3,000분의 1 크기로 축

'고구려 스타일의 고분 벽화'로 유명한 다카마쓰 고분 벽화

소해놓은 입체 모형이 이해를 돕는다. 이곳에서 간단한 예습(?)을 마치고 나와 '고구려 스타일의 고분 벽화'로 유명한 다카마쓰 고분과 쇼토쿠 태자가 태어난 곳에 세웠다는 절(다치바나데라), 옛 궁궐 터 등을 지나면 드디어 일본 최초의 사찰인 아스카데라에 닿는다.

지금은 작고 볼품없는 절이지만, 이곳이 가진 역사적 의미는 말할 수 없이 크다(라고 유홍준 교수가《나의 문화유산 답사기 일본 편2》에서 말했다). 그러니 여기서 잠깐, 설명 들어간다. 아스카데라는 소가 씨가 지은 절이다. 맞다, 아스카에서 나니와(오사카)로 천도했던 고토쿠 덴노가 척결했다는 그 소가 씨. 그런데 아스카 문화를 만든 것 또한 소가 씨 세

쇼토쿠 태자가 태어난 곳에 세웠다는 절, 다치바나데라

력이었다. 아스카 문화의 바탕을 이루는 불교를 공인하는 데 앞장선
것이 바로 소가 씨였기 때문이다. 그들은 불교 공인을 위해 전쟁도
불사했다(그런데 부처님의 가르침은 자비 아니었나?). 이야기인즉 이렇다.

6세기 중반 백제를 통해 불교가 들어오자 야마토 조정은 '불교 수
용파'와 '불교 반대파'로 나뉘어 맞서기 시작했다. 이는 종교를 넘어
서 정치 세력 간의 대립이었다. 수용파는 불교로 백성들의 신앙을 통
합해 중앙집권적인 국가를 만들어야 한다고 생각했다(새로운 것을 적극

받아들이니 진보파라 볼 수 있다). 반대파는 지금처럼 토착신앙을 믿고 권력 또한 지방 호족한테 분산해야 한다고 주장했다(이전 것을 지키려 하니 보수파라 할 수 있다). 불교를 사이에 둔 수용파와 반대파, 진보파와 보수파의 갈등은 60년쯤 전 신라에도 있었다. 신라에서는 이 문제를 이차돈의 순교로 해결(?)했지만, 일본은 무력으로 결판을 냈다(역시 사무라이의 나라답다).

수용파를 대표하는 소가 씨와 반대파의 대표 선수 모노노베 씨가 전쟁을 벌였고, 결국 소가 씨가 승리해 불교 공인을 이루어낸 것이다. 그리고 일본 최초의 절, 아스카데라를 세웠다.

'친백제파'가 주도한
아스카 문화

아스카②

창건 당시의 아스카데라는 지금처럼 작은 절이 아니었다. 사방 200
미터에 달하는 거대한 사찰이었다. 흥미로운 점은 아스카데라 건설
에 백제의 전폭적인 지원이 있었다는 사실이다. 사찰 건립 계획을 세
운 소가 씨가 도움을 요청하자, 백제는 승려는 물론이고 건축과 토목
기술자, 기와 장인, 화공까지 보냈다. 거의 '국가대표급 공사 팀'을 보
낸 것이다. 일본 국왕의 사찰도 아니고, 아무리 실세라지만 일개 귀족
가문의 요청으로 이런 드림 팀을 파견했다는 것이 놀랍다.

우리는 여기서 두 가지 사실을 유추해볼 수 있다. 첫째, 소가 씨와
백제가 무척 가까운 사이였다는 것. 원래 아스카는 백제에서 건너온
도래인들이 주로 정착해 살던 곳이었다. 이들은 선진 문물과 기술을

창건 당시 아스카데라는 사방 200미터에 달하는 거대한 사찰이었다.

가지고 아스카 정권의 상류층을 이루었다. 소가 씨는 도래인의 후손
이거나 적어도 이들과 아주 밀접한 관계를 가졌음에 틀림없다(오사카
역사박물관을 둘러볼 때 '친백제파'라 불렸던 사이메이 덴노가 바로 소가 씨 출신으로
황후가 되었다가 덴노의 자리까지 오른 인물이다).

더불어 아스카 문화가 백제의 강력한 영향 아래 생겨났다는 사실
도 알 수 있다. 불교를 전한 것도, 최초의 사찰을 지어준 것도 백제였
으니 말이다. 당시 일본의 기술 수준은 보잘것없었다. 지금은 터만 남
은 아스카의 궁전들도 나무 지붕 건물이었단다. 그때까지 일본은 기
와를 만들어낼 기술이 없었던 것이다. 덕분에 아스카데라는 일본 최

지금 볼 수 있는 아스카데라의 대불은 일본에서 가장 오래된 불상을 복원한 것이다.

돌무덤이라는 의미의 이시부타이. 실은 돌무덤이다.

초의 기와지붕 건물로도 알려져 있다.

이렇게 여러 개의 '일본 최초' 타이틀을 가지고 있는 아스카데라는 나라 시대 이후 잊힌 절이 되었다가, 가마쿠라 막부 초기에 벼락을 맞고 불타버렸다(그러고 보니 오사카성 천수각을 불태운 것도 벼락이었다. 이렇듯 벼락은 일본 옛 건물의 주된 화재 원인 중 하나다). 지금 보이는 건물은 수백 년 뒤 에도 시대에 재건된 것으로, 규모도 모양도 분위기도 그 옛날의 것은 아니다.

그래도 이곳에 일본 최초의 절이 세워졌다는 사실만은 변함이 없다. 일본은 불교를 공인하면서 강력한 고대국가로 가는 길을 닦았고

(불교와 율령은 동아시아 고대국가 수립의 양대 조건이다), **최초의 절을 세우면**서 아스카 문화라는 도약을 이루어냈다. 정치와 문화가 송두리째 바뀌었으니 나라가 통째로 바뀐 셈이다. 그러니 아스카데라가 일본 역사에서 가진 의미는 말할 수 없이 크다고 할 수 있다.

아스카데라에서 다시 자전거를 타고 남쪽으로 2킬로미터쯤 가면 완만한 언덕 위로 집채만 한 돌들이 쌓여 있는 모습이 보인다. 이 유적의 이름은 이시부타이[石舞臺: 돌무대]. 달 밝은 밤이면 여우들이 여자로 변해 이 위에서 춤을 추어서 붙은 이름이란다. 그런데 20세기 중반에 이 유적이 돌무대가 아니라 돌무덤이었음이 밝혀졌다. 수천 톤이 넘는 화강암 더미 안에 관이 들어간 돌방이 있었던 것이다(물론 관과 껴묻거리들은 몽땅 사라진 후였다).

원래는 흙으로 덮은 거대한 봉분이 있었지만 빗물에 쓸려 간 것으로 보인다. 아스카 최대의 고분을 발견한 학자들은 이것이 당시 덴노보다 더 힘이 셌던 인물, 소가노 우마코의 무덤이라 추정하고 있다.

소가노 우마코는 소가 씨의 전성기를 이끌었던 인물이다. 모노노베 씨와의 전쟁도, 아스카데라의 건축도 모두 소가노 우마코가 주도했다. 마침내 권력을 장악한 그는 스슌 덴노(재위 588~592년)를 암살하고 소가 씨 출신의 스이코 황후를 덴노(재위 592~628년)로 옹립했다(그녀는 일본 최초의 여성 덴노로, 사이메이 덴노의 '대선배'이기도 하다). 그러면서 소가 씨의 피를 이어받은 남성 황족을 섭정으로 세웠는데, 그가 바로 스이코 덴노의 조카였던 쇼토쿠[聖德] 태자다.

이사부타이가 돌무덤이라는 사실을 알려주는 돌방

일본 고대사의 핵심 인물, 1984년까지 발행된 1만엔권 지폐 속 인물, 지금도 일본인이 존경하는 역사인물로 손꼽힌다는 쇼토쿠 태자가 드디어 등장한 것이다(심지어 많은 학자는 쇼토쿠 태자가 섭정이 되는 593년을 아스카 시대의 실질적인 시작이라고 본다). 이 중요한 인물에 관해서는 그가 세웠다는 '아스카 문화의 꽃', 호류지로 가서 이야기를 이어나가기로 하자.

찬란히 피어난
아스카 문화의 꽃

호류지①

아스카에서 나라로 가는 길 중간쯤 자리 잡은 호류지는 불교와 함께 활짝 피어난 아스카 문화의 꽃이다. 우선 눈길을 끄는 것은 축구장 26개 넓이의 어마어마한 규모. 여기에 현재 남아 있는 것 중 세계에서 가장 오래된 목조건물들이 거의 완벽한 상태로 관람객을 맞이하고 있다(물론 끊임없이 보수공사를 한 덕분이다). 사찰 곳곳에 있는 국보와 중요문화재만 줄잡아 2,300여 점이라니, 이곳이 일본 최초의 유네스코 세계문화유산으로 이름을 올린 것도 당연하다.

호류지의 핵심은 중문과 회랑, 오중탑五重塔(오층탑), 금당* 등으로 이루어진 서원가람西院伽藍이다. 아스카 시대(7세기)의 건물, 그러니까 세계에서 가장 오래된 목조건축물들이 바로 여기에 있다. 그렇다고 나

호류지의 오중탑과 금당

머지 건물들을 얕잡아봐선(?) 안 된다. 나라 시대(8세기)에 지어진 동
원가람東院伽藍을 필두로 천 년을 훌쩍 넘긴 건물들이 즐비하니까(참고
로 우리나라에 남아 있는 것 중 가장 오래된 목조건물인 봉정사 극락전은 아직 천 년이
채 안 되었다).

　소나무가 양옆에 심긴 운치 있는 진입로를 따라가면 호류지의 정
문인 남대문이 먼저 나온다. 육중한 기와지붕을 이고 선 중후한 모습

이 시작부터 범상치 않다. 아니나 다를까. 남대문은 570여 년 전 무로마치 시대의 건물로, 이 또한 국보로 지정되어 있단다.

남대문을 지나 안으로 들어서면 저 멀리 소나무 사이로 서원가람의 중문과 오중탑이 보인다. 가까이 다가갈수록 위엄을 더하는 중문 앞에 서니 조금 전 남대문의 중후함은 마치 어린아이처럼 느껴진다. 이런 게 바로 연륜의 차이라는 걸까? (중문은 남대문보다 2.5배쯤 더 나이를 먹었다.) 중문 아래 4칸짜리 기둥은 국사 시간에 배웠던 '배흘림 양식'이라 더 반갑다. 배흘림 양식이란 기둥의 배를 불룩하게 만들어 구조적·시각적 안정감을 주는 기법으로, 동아시아에서는 주로 우리나라에서만 발견되는 주요한 특징이다. 그렇다면? 호류지도 한반도의 영향을 강하게 받았다는 말씀! 중문 안에 하나의 탑과 하나의 금당을 배치하는 구조(1탑 1금당식) 또한 백제의 가람배치 스타일이다.

세계에서 가장 오래된 목조건물들이 있는 호류지의 서원가람

호류지의 중문. 우리에게도 익숙한 배흘림기둥을 볼 수 있다.

　실제로 백제는 호류지 건설을 위해 아스카데라 때와 마찬가지로 장인들을 파견했다. 이들은 아예 이곳에 정착해 대대로 살면서 사찰의 유지·보수를 담당했단다. 불교를 전해주고 사찰을 만들어준 것도 모자라 '대대손손 애프터서비스'까지 해준 셈이다.

　그렇다고 호류지가 백제 사찰의 판박이인 것은 아니다. 백제의 절에서는 중문-탑-금당이 한 줄을 이루는데, 호류지는 중문 뒤로 탑과 금당이 나란히 서 있다. 언뜻 백제의 정림사지 오층석탑을 닮은 오중탑은 더욱 단단하게 땅에 뿌리박은 모양이다. 부처님을 모신 금당은 날렵하게 하늘로 치고 오르는 우리 사찰 건물과는 달리 곧게 뻗은 처마가 마지막쯤 가서야 살짝 고개를 들고 있다.

문화라는 것이 원래 이렇다. 공장에서 찍어낸 물건처럼 그 모양 그대로 전해지는 법이 없다. 어느 한쪽으로만 흐르는 법도 없다. 마치 저마다 색깔이 다른 물감처럼, 만나면 섞이고 변하면서 새롭게 태어난다. 가끔은 일방적으로 영향을 받은 것처럼 보이다가도 시간이 흐르면 저만의 독특한 색깔이 뚜렷해진다. 일본의 고대 문화도 그렇다. 백제를 비롯한 한반도의 색깔이 진했던 아스카 문화는 나라 시대와 헤이안 시대를 거치면서 독자적인 발전의 길을 걷는다.

이런, 이야기가 또 옆길로 샜다. 지금부터는 호류지를 세우고 아스카 시대를 이끈 핵심 인물, 쇼토쿠 태자에 관해 알아보기로 하자.

고대국가의 기초를 닦은 쇼토쿠 태자

호류지②

호류지는 '쇼토쿠 태자의, 쇼토쿠 태자에 의한, 쇼토쿠 태자를 위한' 사찰이라 할 수 있다. 그가 세웠으며, 여기서 수행을 했고, 죽어서는 이곳에 모셔졌으니 말이다. 쇼토쿠 태자를 부처로 모시는 일본의 불교 종파를 '성덕종'이라 하는데, 성덕종의 총본산이 바로 호류지다. 도대체 어떤 인물이기에 부처로까지 모셔진 것일까?

쇼토쿠 태자는 요메이 덴노의 아들로, 그가 황자 시절인 574년에 태어났다. 본명은 우마야도[厩戸: 마구간]. 마구간에서 태어나 이런 이름이 붙었다(는 전설이 있다. 이걸 두고 기독교의 영향을 받았다고 주장하는 학자도 있고). 쇼토쿠[聖德]는 사후에 붙여진 이름이다. '성인 성聖'에 '큰 덕德'이라. 이름부터 훌륭하다는 느낌을 팍팍 준다.

쇼토쿠 태자의 사리와 조각상이 있는 몽전

　고대의 다른 위인들처럼 쇼토쿠 태자에 관해서도 여러 가지 신화 같은 이야기들이 전한다. 생후 4개월 만에 말을 하고, 앞날을 예언했으며, 10명의 사람이 동시에 떠드는 말도 모두 정확히 알아들었다 등등(그래서 지금도 일본에서는 여러 사람이 동시에 자신에게 말을 걸면 "내가 쇼토쿠 태자냐?"라고 한단다). 아무튼 이렇게 남달랐던 쇼토쿠 태자는 스무 살에 섭정이 되자 타고난 자신의 능력을 마음껏 펼치기 시작했다.

　그는 먼저 불교를 적극 장려했다. 고구려에서 온 승려 혜자惠慈를 스승으로 삼고 스스로 수행을 충실히 했을 뿐 아니라 여러 개의 절을 지어 백성들에게도 불교를 널리 보급했다. 그에게 불교란 단순한 종교가 아니었다. 소가 씨가 그랬던 것처럼, 불교를 통해 백성들의 마음을 한데 모으고 강력한 국가를 만들고 싶어했다. 이를 위해서는 거대한 사찰이 필요했다. 백성들이 보기만 해도 위압감을 느껴 무릎을 꿇게 만드는. 그래서 만든 것이 바로 호류지다.

쇼토쿠 태자의 '강력한 고대국가 만들기 프로젝트'는 국내 정치 개혁으로 이어졌다. '관위 12계'(조정에서 일하는 신하들의 12등급)를 만들어 개인의 재능과 공적에 따라 관리를 뽑았다. 이전까지 힘센 귀족 가문끼리 '나눠 먹기 식'으로 벼슬을 차지하던 관행을 바꾸려는 노력이었다. '헌법 17조'를 통해서는 "왕은 하늘이고 신하는 땅"이라고 선언했다. 물론 이건 오늘날과 같은 헌법이 아니라 고대 율령의 초기 형태로 보면 된다. 쇼토쿠 태자는 율령국가의 기초를 다진 셈이다.

담징이 아니어도
멋진 금당벽화

호류지③

쇼토쿠 태자의 능력은 외교에서도 빛을 발했다. 당시 수나라가 중국을 통일하자 태자는 사신을 파견했다(이를 '견수사'라 부른다). 그러면서 "해 뜨는 곳의 천자가 해지는 곳의 천자에게 글을 보낸다."라는 내용이 담긴 국서를 보냈다. 오호, 이건 앞으로 중국과 맞먹겠다는 이야기? 일본인들은 지금까지 이것을 '대등 외교'라 부르며 열광하지만, 이건 어디까지나 '국내용'이었다는 것이 학계의 정설이다. 텐노의 권위를 중국 천자 급으로 높여서 강력한 중앙집권 국가를 만들겠다는 전략이었던 것이다(그 뒤로는 다시 조공 외교로 복귀했다).

여기서 잠깐! 불교를 장려하는 것이야 그렇다 쳐도, 귀족의 힘을 빼고 왕권을 강화하는 것을 소가 씨가 보고만 있었을까? 그랬을 리

가. 소가 씨는 쇼토쿠 태자의 개혁 정책에 사사건건 브레이크를 걸었
다. 소가 씨는 배신감을 느꼈을 것이다. 가문을 위해 기껏 집안사람을
뽑아 섭정을 시켰더니 덴노의 권력을 강화해? 진짜 권력이 누구 손에
있는지 보여주마! 결국 쇼토쿠 태자의 개혁은 좌절되었고, 실의에 빠
진 태자는 호류지에 칩거하며 불교에 몰두하다 세상을 떴다.

　이루지 못한 태자의 꿈이 안타까워서였을까? 사람들은 태자에게

옥충주자의 한 면을 확대한 모습. 이 색은 비단벌레의 날개로 낸 것이다.

'성덕'이라는 칭호를 바치고 부처로 모시기 시작했다. 호류지 동원가람의 몽전夢殿에는 쇼토쿠 태자의 사리와 조각상이 있다. 중앙에 자리잡은 구세관음(세상을 구하는 관음보살)은 태자의 생전 모습이라 전해진다. 쇼토쿠 태자가 바로 관음보살의 화신이라는 것이다. 과연 성덕종의 총본산답다.

서원가람과 동원가람 사이에 있는 대보장원大宝蔵院도 빼먹어선 안

호류지의 금당벽화

된다. 이곳은 호류지의 각종 보물들을 전시하는 공간인데, 그중에서
도 백제관음상과 옥충주자, 금당벽화는 호류지 3대 보물이라 부를 만
하다(뭐, 특별한 근거는 없다). 백제관음상의 본명(?)은 허공장보살인데,

백제에서 왔다고 하여 이렇게 불린다. 또 하나의 별명은 '동양의 비너스'. 특히 부드러운 곡선이 물결치는 옆모습이 압권이다.

옥충주자는 이름 그대로 옥충(비단벌레)의 날개로 색깔을 낸 주자(불상을 모신 건축물 미니어처)다. 그런데 여기에 쓰인 비단벌레가 무려 2,563마리란다. '옥충 기법'은 신라에서 사용된 방식이기에 이것 역시 한반도에서 건너왔을 가능성이 높다.

금당벽화는 우리에게도 익숙하다. 국사 교과서에 '고구려 승려 담징이 그린 일본의 국보'이자 삼국시대 한반도에서 전파한 문화의 강력한 증거 중 하나로 나왔던 덕분이다. 하지만 이건 사실이 아닐 확률이 높다. 기록과 발굴된 유물에 따르면 호류지는 670년에 몽땅 불탄 후 다시 지어졌는데, 담징은 631년에 죽었기 때문이다. 담징이 그리지 않았다 해도 호류지의 금당벽화는 충분히 아름답다. 원본은 1949년의 화재로 훼손되어 대보장원에는 모사품을 전시했는데, 이 또한 감탄이 절로 나오는 예술이다(금당 벽에도 모사 작품이 그려져 있으며, 디지털로 복원된 금당벽화는 https://horyuji-kondohekiga.jp에서 감상할 수 있다).

대보장원에는 이 밖에도 입이 떡 벌어지는 보물들이 즐비하지만 '핵심 탐구'는 여기까지. 이제 아스카 시대를 지나 나라 시대로 갈 시간이다. 타임머신은 필요 없다. 옛 도읍 나라는 그 시절의 모습을 곳곳에 간직하고 있으니 말이다(오사카와는 달리 제2차 세계대전 중에 폭격도 당하지 않았다). 호류지에서 쾌속열차를 타고 10분 남짓 가면 어느새 나라역이다.

나라 시대의
시작

헤이조큐 유적

운치 있는 역사도시 나라의 첫 방문지는 나라역에서 3킬로미터 남짓 떨어진 헤이조큐[平城宮] 유적이다. 헤이조큐는 겐메이 덴노가 710년 나라로 수도를 옮기면서 세운 궁전이다. 그녀는 삼촌인 덴무 덴노의 왕권 강화 정책과 다이호 율령 등으로 확립된 '덴노 중심의 중앙집권 국가'를 더욱 발전시키기 위해서 나라 천도를 결정했다(겐메이 덴노와 덴무 덴노, 다이호 율령 등을 잊었다면 28쪽으로 돌아가서 잠깐 복습을 하고 오시길).

그런데 나라의 헤이조큐는 아스카의 궁전들과 결정적으로 다른 점이 하나 있다. 아스카 시대에는 덴노가 거주할 궁전만을 지은 데 비해, 나라 시대에는 헤이조큐에 더해 헤이조쿄[平城京]라는 도성까지 함께 건설했다는 것이다(헤이조'큐'는 경복궁, 헤이조'쿄'는 한양 도성으로 이해

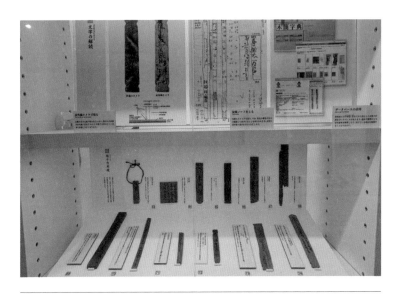

헤이조큐 유적에서는 다량의 목간이 발굴되었다.

하면 쉽다). 덴노 중심의 중앙 권력이 강화되자 더 많은 관리가 필요했기에 이들의 저택과 아스카에서 옮겨 온 큰 사찰들까지 들어갈 도성을 만든 것이다. 나라다운 나라가 생기니 수도다운 수도가 건설된 셈이다.

헤이죠쿄는 중국 당나라의 수도인 장안을 모델로 만든 계획도시였다. 도성의 정문인 라조몬[羅城門, '라쇼몬'이라고도 발음한다]과 헤이조큐를 잇는 폭 75미터의 주작대로를 중심으로 바둑판처럼 잘 짜여졌다. 장안과는 달리 성벽이 없었던 헤이조쿄는 동서 4.3킬로미터, 남북 4.7킬로미터의 사각형 지역에 약 10만 명 정도의 인구가 살았던 것으로 추정된다. 장안의 4분의 1쯤 되는 크기지만 당시 일본으로서는 대단한 규모였다.

도성의 북쪽 중앙에 자리 잡은 헤이조큐는 동서 1.4킬로미터, 남북 1.1킬로미터에 달했다(심지어 베이징의 자금성보다 훨씬 넓다). 높은 담장 안에 덴노의 거처와 각종 기관들이 빼곡하게 들어찼으나, 지금은 듬성 듬성 주춧돌이 놓인 허허벌판에 20세기에 복원된 건물 몇 개만이 자리를 지키고 있다. 그렇다고 실망하긴 이르다. 헤이조큐세키 궁터자료관과 유구전시관에서는 이 일대에서 출토된 유물과 함께 유적 구석구석을 소개하는 자료들을 볼 수 있다. 이에 따르면 이 지역의 화장실 유적에서 나온 배설물 유물(?) 덕분에 고대인의 음식과 질병 연구에 획기적인 진전이 있었다고 한다.

덴노의 즉위식 등이 거행되던 중심 건물 다이고쿠덴[大極殿]은 10년 공사 끝에 웅장한 모습으로 되살아나 당시의 분위기를 전해주고 있다(이런 건물에서 즉위식을 한다면 없는 권위도 생길 듯하다).

하지만 나라 천도 후 맞이한 '덴노의 전성기'는 짧았다. 이유는 두 가지였다. 경제적 원인과 정치적 원인. 경제는 부족한 땅과 과도한 세금이 문제였다. 나라다운 나라가 생기고 제대로 된 도읍까지 갖추면서 인구가 늘어나자 경작지가 부족해졌다. 그럼에도 각종 국가 공사를 벌이느라 세금이 늘어 도망치는 백성들까지 생겨났다.

백성들의 불만이 높아지자 왕권에도 금이 가기 시작했다. 정치적으로는 소가 씨를 대신한 새로운 외척 세력이 생겨나 덴노의 권력을

헤이조큐세키 궁터자료관에서는 나라 시대 귀족들의 생활을 엿볼 수 있다.

나라 시대 건물들의 모형

10년의 공사 끝에 복원한 헤이조큐의 중심 건물 다이고쿠덴

　　　　　　　　　　　　　　2부 일본 역사여행

위협했다. 새로운 주인공은 후지와라 씨. 60여 년 전 소가 씨 세력을 제거하는 데 큰 공을 세운 나카토미노 가마타리가 덴노에게 하사받은 성이 바로 후지와라였다. 덴노를 위해 소가 씨 외척을 제거한 후지와라 씨가 수십 년 뒤 새로운 외척 세력으로 떠오른 것이다.

하지만 이때만 해도 후지와라 씨의 권력은 소가 씨만큼 강력하지 않았다. 덕분에 황족과 승려 세력까지 뒤엉켜 치열한 권력투쟁이 벌어졌다. 이렇게 불안정한 상황에 기근과 전염병까지 더해져 나라의 혼란이 커졌다(당시 후지와라 가문의 네 아들까지 한꺼번에 목숨을 잃을 정도로 전염병이 창궐했단다). 그러자 불심이 깊었던 쇼무 덴노(재위 724~749년)는 부처님의 힘으로 혼란을 극복하려고 마음먹었다. 방법은? 지금까지 없었던 거대한 크기의 불상을 만드는 것! 이 과정에서 백성들의 마음을 하나로 모은다면 덴노의 권위도 다시 서지 않을까?

약 8년에 걸친 각고의 노력 끝에 마침내 세계 최대의 청동 불상을 만드는 데 성공했지만, 왕권을 회복하고 나라를 안정시키는 데는 실패했다. 이렇게 태어난 불상이 바로 도다이지[東大寺]의 다이부쓰다.

한중일 고대 문화의 합작품, 도다이지 다이부쓰

도다이지

헤이조큐 유적에서 차로 15분. 사슴 뛰노는 나라 공원 안에 위치한 도다이지는 자타공인 나라를 상징하는 문화유산이다. 이곳은 '세계 최대의 목조건물 안에 자리 잡은 세계 최대의 청동 불상'으로 유명하다(20세기 이후에는 이보다 큰 목조건물과 청동 불상이 만들어졌다). '나라 대불'로도 불리는 다이부쓰[大佛]는 15미터 높이에 무게만 380톤에 이르는 '울트라캡숑 초대형 대불'이다. 불상의 얼굴 길이는 5미터이고, 3미터 길이의 손바닥에는 어른 16명이 올라갈 수 있단다(실제로 가서 보면 그저 입이 떡 벌어지는 크기다). 지금은 검푸른 빛깔이지만 제작 당시에는 440킬로그램의 금을 입혀 눈부시게 번쩍였다고 한다.

대불이 들어앉은 대불전大佛殿(다이부쓰덴) 또한 높이 48미터에 너비

도다이지 다이부쓰를 모신 대불전. 대불의 크기만큼 대불전의 규모도 어마어마하다.

57미터로, 세계 제일의 크기를 자랑하는 전통 목조건물이다. 그런데 처음 지은 대불전은 이것보다 세 배나 더 컸단다(세상에, 그럼 150미터에 달하는 목조건물이었다는 이야기?). 원래 건물은 12세기 겐페이 전쟁(36쪽 참고) 와중에 불타버리고, 다시 지은 건물 또한 16세기 센고쿠 시대의 전란에 불타버렸다. 결국 18세기 초반에 이전보다 아주 작게(?) 지은 건물이 오늘까지 남아 '세계 최대'가 된 것이다.

높이 15미터, 무게 380톤에 이르는 다이부쓰

초대형 불상인 만큼 청소도 보통 일이 아니다.

어마어마한 크기의 대불과 대불전을 보면 누구나 이런 의문을 떠올리게 된다. '도대체 그 옛날에 어떻게 이런 걸 만들 수 있었을까?' 여기에 대한 답을 찾는 과정에서 당시 동아시아의 문화 교류에 관해 알 수 있으니, 조금 길지만 처음부터 꼼꼼히 살펴보기로 하자.

시작은 '견당사'였다. 중국의 지배자가 수에서 당으로 바뀌자 쇼토쿠 태자의 견수사도 견당사로 바뀌었다. 그런데 일본의 견당사는 단순한 사신 일행이 아니었다. 관리뿐 아니라 유학생과 유학승 등 수백 명이 배 4척에 나누어 타고 출발했다. 이 '사절 및 단체 유학 팀'은 당시 세계 문명의 중심이었던 당의 선진 문물을 배워 오는 미션을 수행했다.

메이지 유신 이후 서양의 문물을 시찰했던 '이와쿠라 사절단'(56쪽 참고)의 원조라고 할까. 하지만 둘 사이의 확실한 차이는 기간이다. 이와쿠라 사절단은 2년쯤 서양을 돌았지만, 견당사 유학 팀은 다음 팀과 교대할 때까지 무려 20년을 중국에 머물렀다. 견당사는 보통 20년 주기로 왕래했기 때문이다(물론 더 일찍 귀국하는 경우도 있었다).

긴테쓰나라역 앞 행기 스님 동상

이 과정에서 불행히도 많은 이가 돌아오지 못했으나 천신만고 끝에 일본으로 돌아온 이들은 조정에 중용되었다. 이들이 가져온 소식 중 하나가 "당에서는 황제를 닮은 거대한 불상을 만들어 백성들이 황제를 부처처럼 떠받든다."는 것. 쇼무 덴노의 '대불 프로젝트'가 여기에서 시작되었다.

대불 제작 아이디어를 현실로 만들기 위해서는 천문학적 예산과 막대한 재료, 최첨단 기술이 필요했다. 이것은 도래인들이 해결했다. 우선 예산 확보는 백제 왕인 박사의 후손이었던 승려 행기行基(교키)가 맡았다. 당시 백성들이 살아 있는 부처로 따르던 행기가 모금을 시작

한반도 고대사 연구에 큰 기여를 한 신라장적이 발견된 곳이 쇼소인이다.

하자 수십만 명의 자발적인 시주가 줄을 이었다고 한다(지금의 긴테쓰나라역 앞에 있는 동상의 주인공이 바로 행기 스님이다). 불상의 재료가 되는 구리와 사금은 신라와 백제 도래인 자치구에서 공급했다. 이걸로 불상을 만드는 데에도 많은 도래인 기술자가 참여했다.

물론 누가 뭐래도 도다이지의 대불을 만든 주역은 나라 시대의 일본인들이었다. 하지만 여기에는 중국과 한반도의 문화와 기술, 사람들이 함께했다. 덕분에 지금도 세계인에게 감동을 주는 문화유산이 탄생한 것이다.

대불과 대불전을 충분히 보았다면 도다이지의 다른 곳들도 둘러
보자. 옛날보다 규모가 줄었다지만 도다이지는 여전히 볼거리가 한
가득이다. 대불전 뒤쪽의 쇼소인[正倉院: 정창원]도 그중 하나다. 이곳은
쇼무 덴노의 보물창고로, 한반도와 중국뿐 아니라 멀리 인도에서 건
너온 보물을 보관하던 곳이다. 그중에는 인도의 나무에 동남아시아
에서 나는 조개로 페르시아의 악사를 그려 넣은 오현비파도 있단다
(고대 문화의 놀라운 국제성이라니!).

이렇게 물 건너온 귀한 물건들은 나라 시대 화려한 귀족 문화인 덴표 문화를 만들었다(덴표는 쇼무 덴노의 연호이기도 하다). 놀라운 것은 보물만이 아니다. 그것들을 무려 1,300년 동안이나 완벽하게 보관했다는 사실 또한 놀라 자빠질 만한 일이다. 심지어 포장지까지도! 이곳에서 발견한 신라장적(신라의 촌락 문서)은 신라에서 수입한 청동 그릇을 쌌던 포장지였단다. 여기에는 신라의 한 마을에서 관청에 바친 물품이 기록되어 있는데, 우리 고대사 연구에 귀중한 자료가 되었다.

지금 이곳의 보물들은 다른 곳으로 옮겨져 아쉽게도 쇼소인은 겉모습만 볼 수 있지만 이 또한 1,300년 된 목조건물이니 잠시 둘러볼 가치가 충분하다. 쇼소인을 나와 산비탈로 오르면 나오는 이월당二月堂(니가쓰도)에서는 도다이지뿐 아니라 나라 시내의 전경을 한눈에 조망할 수 있어서 좋다.

나라의 상징이
사슴인 까닭은?

가스가타이샤

도다이지가 자리 잡은 나라 공원에는 고후쿠지, 가스가타이샤 등 유
명 사찰과 신사가 함께 있다(이 셋은 모두 유네스코 세계문화유산이기도 하다).
어떻게 이런 어마어마한 문화유산들이 공원 하나에 몽땅 자리 잡게
되었을까? 이유는 간단하다. 나라 공원은 원래 헤이조쿄의 외경(바깥
도시)에 해당하는 지역이었다. 외경은 헤이조쿄에서도 유명 사찰과
신사들이 몰려 있던 지역이었고.

19세기 말에 이 지역을 정비하면서 외경은 '나라 공원'이 되었다.
문화유산이 먼저 자리를 잡고 나중에 공원으로 묶인 것이다. 그런
데 지금 나라 공원을 상징하는 것은 이런 문화유산들이 아니라 이곳
에서 자유롭게 살아가는 1,000여 마리의 사슴이다. 스스럼없이 사

나라 공원을 유유히 돌아다니는 사슴도 역사적 산물이다.

람들에게 다가와 친한 척(?)을 하면서 먹을 것을 요구하는 사슴들은 이 동네 기념품에 빠지지 않고 등장하는 단골 캐릭터이기도 하다.

이러한 나라의 사슴도 역사적 산물이다. 소가 씨의 뒤를 이어 외척 세력이 된 후지와라 씨는 나라에 가문의 수호신을 모실 신사인 가스 가타이샤[春日大社]를 지었다. 그리고 자신들의 씨신[氏神]을 도쿄 근처 신사에서 모셔 왔는데, 그때 그 신이 타고 온 짐승이 바로 흰 사슴이 었단다. 덕분에 사슴은 신성한 존재가 되었고, 나라 공원을 뛰노는 상 징으로 이어진 것이다. 현재 나라 공원의 서쪽 끝에 있는 가스가타이

가스가타이샤를 상징하는 사슴신 동상

샤 입구에는 신사를 상징하는 사슴신 동상이 자리 잡고 있다. 그 옆으로 1킬로미터쯤 이어진 1,000여 개의 석등 또한 인상적이다. 신사 안에는 1,000여 개의 등롱이 있는데, 매년 2월과 8월 열리는 만토로[万燈籠]라는 행사에서 모든 석등과 등롱에 불을 밝힌 환상적인 모습을 볼 수 있다고 한다. 이 신사는 20년마다 대규모 수리를 거듭한 덕분에 지금도 1,300년 전의 모습을 간직하고 있다.

여기서 잠깐, 우리에게도 낯익지만 여전히 헷갈리는 신도神道(신도しんどう)와 신사神社(진자じんじゃ)에 관해 정리하고 넘어가자. 아시다시

천여 개의 석등과 등롱

2월과 8월의 만토로에서는 이 모든 석등과 등롱에 불을 밝힌 모습을 볼 수 있다.

피 신사란 신도의 신을 모신 사원이다. 신도는 일본 고유의 종교이고. 신도의 뿌리는 조몬 시대의 애니미즘까지 올라간다. 세상 만물에 영혼이 있다는 애니미즘은 사실 모든 종교의 뿌리다. '태양신'이란 애니미즘이 만들어낸 관념이니까.

태풍에 화산, 지진까지 잦은 일본에서는 특히 자연의 신이 많았다(무시무시한 자연현상을 신으로 모시고 잘 봐달라 제사를 지냈다는 말씀). 여기에 야요이 시대 농경문화의 특징인 조상신 숭배가 더해지면서 신의 숫자가 폭발적으로 늘어났다. 원칙적으로 모든 사람은 죽은 후 신이 될

가스가타이샤의 데미즈야

수 있으니까. 흔히 일본을 '800만 신의 나라'라고 부르는데, 여기서 800만이라는 숫자는 '신이 엄청 많다'는 의미의 상징적인 숫자다(물론 그래 봐야 인도의 '3억 3천만 힌두 신들'에 비하면 새 발의 피지만).

애니미즘과 조상신 숭배에서 비롯된 신도는 원래 번듯한 사원이 없었다(또한 신상神像도 없었다). 우리네 당나무나 성황당처럼 큰 나무나 돌무더기 앞에서 제사를 지내는 것이 고작이었다. 그러다 불교가 들어오면서 신도에도 불교의 사찰 같은 신사가 생기고 불상을 참고해 신상도 만들어졌다.

현재 일본 전역에 약 10만 개의 신사가 있는데, 구조는 비슷하다. 우선 입구에는 하늘 천天 자를 닮은 정문인 도리이[鳥居]가 있다. 여기서부터 신성한 공간이라는 의미다(조선 왕릉 입구의 홍살문도 같은 뜻으로 세운 것이다). 도리이를 통과하면 우물처럼 생긴 데미즈야[手水舍]에서 손과 입을 씻는다(이 물을 마시지 않도록 주의할 것). 신을 만날 준비를 하는 것이다.

다시 문을 하나 더 지나면 나오는 배전拜殿은 일반인이 신을 참배하는 장소다. 보통 입구에 있는 방울 달린 줄을 당기고 손뼉을 친 후에 합장을 한다. 배전 뒤에는 신을 모신 본전本殿이 있는데, 이곳은 신관(불교의 승려에 해당하는 신도의 사제)만이 출입할 수 있다.

우리나라 절이 대부분 산에 있다면, 일본의 신사는 대부분 숲에 자리 잡았다. 일본인에게 숲이란 온갖 신과 정령들이 사는 곳이었다(〈이웃집 토토로〉, 〈원령공주〉 같은 애니메이션을 떠올리면 이해가 쉽다). 그래서 신도를 '숲의 종교'라고도 부른다. 가스가타이샤가 자리 잡은 가스가 산 원시림 또한 신사와 함께 유네스코 세계유산으로 등재되었단다.

신도와 불교,
그 애증의 역사

고후쿠지

도다이지, 가스가타이샤와 함께 '나라 공원 세계유산 삼총사' 중 하나
인 고후쿠지 또한 후지와라 씨가 세운 절이다. 원래 아스카에 있었는
데 나라 천도와 함께 옮겨 왔단다. 가만, 이건 좀 이상하다. 한 가문에
서 신사와 절을 동시에 짓다니. 일본 고유의 종교인 신도와 한반도에
서 건너간 불교는 엄연히 다른 종교 아닌가? 더구나 아스카 시대에는
불교와 신도가 박 터지게 싸우기도 했다(불교 공인을 둘러싸고 벌어진 소가
씨와 모노노베 씨의 전쟁이 바로 그것이다).

그런데 처음에는 죽기 살기로 싸우던 두 종교는 점차 서로 닮아가
기 시작했다(싸우면서 친해진 건가?). 신도는 불교의 형식을 배웠고(조금
전 이야기했듯 신사가 생긴 것은 불교의 영향이다), 불교는 신도의 신들을 사찰

안에 모셨다(우리 절에 산신령을 모신 산신전이 있는 것과 같다). 이렇게 불교와 신도가 점점 뒤섞이는 현상을 '신불 습합'이라 부른다.

　신불 습합이 시작된 것이 나라 시대였다. 후지와라 씨가 가문을 위한 사찰과 신사를 동시에 지은 것이 신불 습합의 초기 형태라 볼 수 있다. 도다이지를 지을 때 쇼무 덴노가 신도의 최고신인 아마테라스 오미카미[天照大神]에게 보고를 한 것도 그렇다. 헤이안 시대에 들어오면서는 단순한 교류 차원을 넘어 교리까지 한데 섞는 것으로 업그레이드했다. "사실 신도의 신은 부처가 중생을 구하기 위해 모습을 바

고후쿠지 국보관. 어지간한 국립박물관보다 훌륭한 유물을 소장하고 있다.

꾼 것이다."라는 주장이 널리 받아들여진 것이다. 덕분에 신사 안에 절을 세우고 불경을 낭송하는 것이 자연스러운 일이 되었다. 신사에는 신관뿐 아니라 승려들도 상주했다.

에도 시대까지 자연스럽게 이어지던 신불 습합은 메이지 유신 직후 발표된 '신불 분리령'으로 일대 반전을 맞는다. 신불 분리령이란 이름 그대로 신도와 불교를 분리하라는 명령이다. 이에 따라 신사 안에 있는 불교 건물을 없애고 승려를 쫓아냈다. 그러고는 메이지 정부가 앞장서서 신도를 국교로 만들기 시작했다(이를 '국가신도'라 부른다).

그리고 신도의 최고신 자리에 메이지 덴노를 앉혔다(그래서 국가신도를 '천황교'라고도 부른다). 막부가 이어진 700년 세월 동안 잊힌 존재였던 덴노의 권위를 한 방에 높이기 위한 조치였다.

이제 덴노는 국가의 원수이자 살아 있는 신이 되었다. 고대의 제정일치가 부활한 셈이다. 표면적으로는 종교의 자유가 인정되었으나 종교에 상관없이 덴노를 향한 신사참배는 '국민의 의무'가 되었다. 일제강점기 우리에게도 강요되었던 신사참배가 이때부터 시작된 것이다.

메이지 정부는 여기에서 한 걸음 더 나아가 사찰의 재산을 몰수하고 승려들을 강제로 환속시키면서 사찰과 불상을 파괴하는 '폐불훼석'을 부추겼다. 이는 메이지 유신 이후 거듭된 혼란을 겪으며 높아가던 민중의 불만을 다른 곳으로 돌리려는 꼼수이기도 했다(간토 대지진의 혼란 중에 재일조선인이 학살된 것도 비슷한 이유다).

전국의 수많은 절을 파괴한 폐불훼석의 불길은 나라의 사찰에도 들이닥쳤다. 그중에서도 고후쿠지가 특히 큰 피해를 입었다. 그때까지만 해도 나라를 대표하는 사찰은 도다이지가 아니라 고후쿠지였기 때문이다. 승려들은 쫓겨나고 건물은 헐리고 나무 불상은 쪼개져 땔감이 되었다. 가까스로 문을 닫는 사태는 피했지만 절의 규모는 10분의 1 이하로 줄고 건물도 몇 채 남지 않았다. 땔감으로 팔려나갈 뻔한 위기를 면한 오중탑과 국보관 안의 아름다운 불상들이 그나마 옛 영화를 보여주고 있다.

고후쿠지 국보관의 대표적인 보물 아수라상

2부 일본 역사여행

여전히 상처투성이인 사찰처럼 일본의 불교도 폐불훼석 이후 회복 불능의 상태로 빠져들었다. 겨우 남은 사찰들도 생계를 위해 장례업자로 전락했다고 한다(지금도 일본인은 대부분 결혼은 신도식, 장례는 불교식으로 치른다).

절은 훼손되고 쪼그라들었지만, 남아 있는 보물들은 여전히 짱짱하다. 특히 고후쿠지 국보관의 유물들은 어지간한 국립박물관의 소장품보다 훌륭하다. 고후쿠지까지 왔다면 국보관은 반드시 둘러보시길.

3장
교토

공습도 비껴간
천년의 고도

도지, 기요미즈데라, 기온, 뵤도인, 산주산겐도, 금각사와 은각사, 교토 고쇼와 니조성, 아라시야마

우리에게 경주가 있다면 일본에는 교토가 있다. 헤이안 시대 이후 천 년 남짓 일본의 수도였던 곳. 교토는 지금도 일본을 대표하는 역사·문화도시다. 이곳에 자리 잡은 오래된 사찰과 신사, 정원 같은 문화유산이 수천 개가 넘는데, 그중 유네스코 세계문화유산만 17개에 이른다. 제2차 세계대전 중에 도쿄와 오사카를 덮쳤던 공습도 교토는 피해 갔다.

덕분에 해마다 교토를 찾는 국내외 관광객이 수천만 명이니, 제대로 준비하지 않으면 수많은 문화유산과 사람 사이에서 길을 잃기 십상이다. 그래서 준비했다, 이름하여 '교토 역사·문화 핵심 코스!' 지금부터 역사를 내비게이션 삼아 천년고도 교토를 우리 동네처럼 둘러보자.

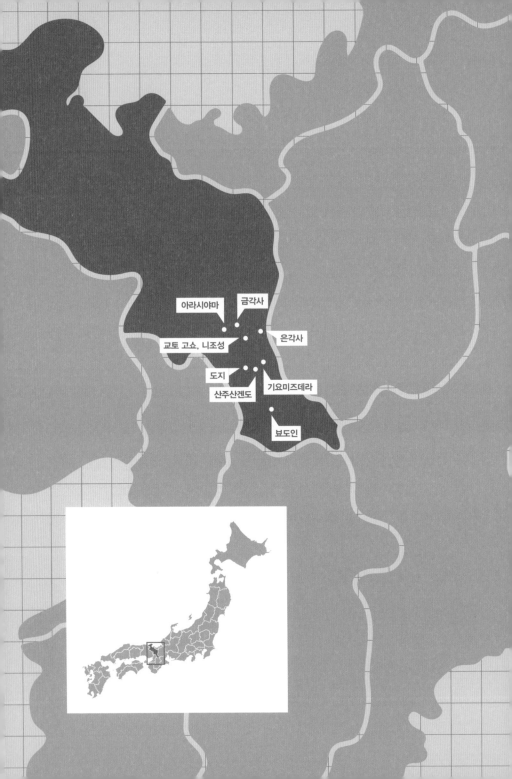

천년 수도의 출발점, 헤이안쿄의 '국립' 사찰

도지

교토 역사여행은 JR교토역에서 1킬로미터쯤 떨어져 있는 도지에서 시작한다. 교토역을 나서서 조금 걷다보면 멀리 오중탑 꼭대기가 빼꼼 나타난다. 일본 목탑 중 가장 높은 55미터의 오중탑은 도지의 상징이자 고층 빌딩이 드문 교토의 랜드마크이기도 하다.

이곳에 거대한 절이 들어선 것은 헤이안 시대의 시작과 함께였다. 지금의 교토 중심부에 새로운 도성인 헤이안쿄[平安京]를 건설하면서 동쪽에는 도지[東寺], 서쪽에는 사이지[西寺]를 세웠던 것이다. 헤이안쿄는 나라의 헤이조쿄처럼 당나라 장안을 모델로 한 계획도시로, 스타일과 크기도 비슷했다. 다만 한 가지 눈에 띄게 다른 점은 성 안의 대형 사찰만 48개에 이르렀던 헤이조쿄와는 달리 헤이안쿄에는 도

도지의 높은 오중탑은 헤이안 시대 왕권의 상징이었다.

지와 사이지, 단 두 개의 사찰만 세웠다는 것. 또한 헤이조쿄의 사찰은 대부분 귀족이 세운 반면, 헤이안쿄의 두 절은 모두 국가에서 세우고 운영하는 '관사'였다는 점도 다르다(귀족 사찰이 '사립'이라면 관사는 '국립' 사찰이라 부를 수 있겠다).

이유는? 귀족과 결탁한 불교 세력을 억누르고 왕권을 강화하기 위해서! 사실 수도를 나라에서 헤이안으로 옮긴 것도 이 때문이었다. 당연히 헤이조쿄의 귀족 사찰을 헤이안쿄로 옮겨 오는 일은 엄격히 금지되었다. 도지의 높은 오중탑은 헤이안 시대 왕권의 상징이었던 셈이다.

헤이안 천도(794년)를 주도한 이는 간무 덴노*였다. 그런데 그가 처음 새로운 수도로 삼은 곳은 헤이안쿄가 아니라 지금의 교토시 외곽인 나가오카쿄였다. 하지만 나가오카쿄 천도 직후 덴노의 어머니와 부인들이 줄줄이 급사하고 아들마저 정신이상 증세를 보이는 등 흉사가 꼬리를 물었다. 홍수와 기근, 전염병까지 겹쳐 민심마저 흉흉해졌다. 궁중의 음양사(점치는 관리)에게 원인을 물어보니 '천도 과정에서 억울하게 죽은 덴노의 동생이 내린 저주'라는 점괘가 나왔단다(간무 덴노의 동생은 나가오카쿄 공사 책임자 암살의 배후로 지목되었는데, 억울함을 호소하며 자결했다).

이 말을 들은 간무 덴노는 나가오카쿄로 천도한 지 10년 만에 또한 번 헤이안쿄로 수도를 옮겼다. 정말 음양사의 점괘가 맞았던 것일까? 헤이안 천도 이후엔 불행한 일들이 더 이상 일어나지 않았다. 덕

* 간무 덴노는 백제 무령왕의 자손?

한일 월드컵을 앞두고 있던 2001년 말, 당시 생일을 맞은 아키히토 덴노는 기자회견에서 "간무 덴노의 생모가 백제 무령왕의 자손이라는 기록이 《속일본기》에 있어서 한국과 친밀감을 느끼고 있다."는 폭탄선언(?)을 했다. 《속일본기》는 헤이안 시대에 편찬된 일본의 역사책. 간무 덴노가 진짜 무령왕의 자손인가 하는 점은 논란의 여지가 있지만, 적어도 그의 생모가 백제계 도래인의 후손이었다는 것은 학계의 정설이다. 일본과 백제의 지배층은 혈연으로 이어져 있었던 것이다.

분에 간무 덴노는 각종 제도를 정비하고 백성들의 부담을 덜어주면서 중앙집권을 강화하는 등 개혁 정책을 펼칠 수 있었다. 이렇듯 헤이안 시대 초기에는 왕권이 귀족 세력을 압도했으나, 이후 황실의 분열을 이용해 점차 세력을 확장하던 귀족들은 마침내 덴노를 대신해 권력을 휘두를 정도로 막강해졌다. 그 중심에 독보적 외척 가문으로 성장한 후지와라 씨가 있었다.

후지와라 가문의 흥망과 원정(인세이)의 등장, 무사의 출현에서 최초의 막부 탄생으로 이어지는 역사는 이미 앞에서 살펴보았으니 여기선 패스(궁금한 독자는 33쪽을 참고할 것). 지금 보이는 도지와 오중탑도 이러한 역사의 흐름을 고스란히 겪었다. 관사였던 도지는 귀족들이 선호하던 불교 종파인 진언종眞言宗 사찰로 거듭나면서 전성기를 맞

도지의 강당(위쪽)과 금당(아래쪽). 에도 시대에 다시 세운 건물이지만 가치가 떨어지지는 않는다.

왔다(거대한 오중탑도 이때 세워졌다). 이후 내전과 농민 봉기 등을 겪으면서 파괴되어, 오중탑을 포함해 지금 볼 수 있는 건물들은 대부분 에도 시대에 다시 세워진 것들이다.

그렇다고 도지가 볼품없는 절이 되어버린 것은 아니다. 지금도 헤이안 시대의 분위기를 보여주는 오중탑을 비롯한 사찰 건물들은 유네스코 세계문화유산으로 선정되었을 정도니까. 반면 도지와 함께 세워졌던 사이지는 사라지고 터만 남았다. 사이지가 자리 잡았던 헤이안쿄 서쪽은 일찍부터 잦은 물난리로 사람들이 떠나버렸던 탓이다.

동쪽 지역을 중심으로 번영을 이루었던 헤이안쿄는 겐페이 전쟁(1180~1185년)과 오닌의 난(1467~1477년)으로 폐허가 되었다가 무사 정권이 들어선 이후 다시 옛 명성을 회복하게 되었다. 도지가 겪은 역사의 부침을 교토도 고스란히 함께한 셈이다. 이 과정에서 건물은 불타고 다시 세워졌지만 바둑판처럼 생긴 도시 모양은 헤이안쿄의 것이 거의 그대로 이어지고 있단다.

역사, 문화, 관광의 3관왕

기요미즈데라

만약 당신이 교토에 출장을 왔고, 바쁜 일정 중에 딱 반나절 짬을 낼 수 있다면, 고민할 필요 없이 택시를 타고 "기요미즈데라니 잇테 구다사이 清水寺に行ってください!"(기요미즈데라로 가주세요)라고 외치면 된다.

이름처럼 맑은 물이 흐르는 기요미즈데라[清水寺]는 천 년을 훌쩍 넘는 역사가 깊고, 그만큼 훌륭한 문화재가 많고, 자연과 어우러진 풍광도 좋다. 사찰로 오르는 언덕길인 '기요미즈자카'에는 오래된 가게들이 전통 먹거리와 기념품을 팔고 있으니, 기요미즈데라 한 곳만 둘러봐도 역사와 문화, 관광의 세 마리 토끼를 한꺼번에 잡을 수 있는 셈이다. 야쓰하시(교토 전통 쌀과자)와 녹차를 시식할 수 있는 집도 많아서 이걸 먹으며 쉬엄쉬엄 언덕길을 오르는 재미도 쏠쏠하다.

기요미즈데라의 인왕문과 삼중탑

　언제나 일본 전역에서 수학여행 온 학생들이 모두 몰린 것처럼 붐비는 기요미즈자카를 지나면 기요미즈데라의 정문인 인왕문과 서문, 삼중탑이 순서대로 관람객을 맞는다. 일본의 삼중탑 중 가장 높다는 약 30미터의 삼중탑을 지나면 가파른 벼랑에 139개의 나무 기둥을 딛고 선 본당이 모습을 드러낸다. 이 기둥들을 포함한 본당 건물 전체는 단 하나의 못도 사용하지 않고 목재를 짜맞추어 지었단다.

　'턱시도를 잘 차려입은 남성 같은 매력'을 지닌 검은빛 본당 건물은 기요미즈데라의 하이라이트다. 본당 안에는 전설적인 신통력을 자랑한다는 십일면관음보살상이 있고, 앞에는 '기요미즈의 부타이'(부타이는 무대舞台)라 불리는 널찍한 나무데크가 허공으로 툭 튀어나왔다. 옛날에는 이곳에서 십일면관음보살에게 바치는 춤을 추었다는데, 지금은 교토 시내를 한눈에 볼 수 있는 전망대로 이용되고 있다.

33년마다 딱 한 번씩 공개한다는 십일면관음보살상을 보기는 어려우니 이것에 담긴 이야기를 들어보는 건 어떨까. 이곳에 기요미즈데라를 세우고 십일면관음보살상을 모신 사람은 일본 최초의 세이이타이쇼군征夷大將軍: 정이대장군]으로 임명된 사카노우에노 다무라마로다. 세이이타이쇼군은 간무 덴노가 동쪽의 오랑캐[夷]를 정벌[征]하기 위해 신설한 직책이다(훗날 막부의 최고 통치자를 가리키는 쇼군이라는 명칭이 여기서 유래했다).

아니, 일본은 섬나라인데 웬 동쪽 오랑캐? 야마토 조정에서 출발한 일본(국가)이 처음부터 일본 열도 전체를 지배한 것은 아니었다. 일본은 한반도로부터 선진 문물을 받아들이는 통로였던 규슈 북부와 혼슈 중서부에서 시작해 점차 세력을 넓혀나갔다. 이들이 혼슈 동북부를 지배하게 된 것은 나라 시대의 일이었다. 그때까지 이 지역은 에미시[蝦夷. '에조'라고도 읽는다]라 불리던 원주민의 땅이었다. 하지만 얼마 지나지 않아 에미시들은 반란을 일으켜 일본 정부의 지배에서 벗어났다(자기 땅에서 조상 대대로 잘 살아온 에미시 입장에서는 독립에 성공한 셈이다). 간무 덴노의 에미시 정벌은 '왕권 강화 개혁 정책'의 핵심 과제로, 무려 15년 동안이나 추진되었다. '오랑캐를 정벌한 군주'가 되면 당연히 강력한 힘을 가지게 될 것이기 때문이다.

본당과 그 앞에 펼쳐진 부타이

간무 덴노의 오랜 숙원을 풀어준 사람이 바로 사카노우에노 다무라마로였다(그 또한 간무 덴노처럼 백제계 도래인의 후손이었다). 그는 출전하기 전 기요미즈데라에 십일면관음보살상을 모시면서 승리를 기원했고, 마침내 에미시의 항복을 받아낸 후 개선했다. 그의 승리가 십일면관음보살상의 신통력 덕분이었다는 소문이 퍼지면서 기요미즈데라에는 구름처럼 많은 사람이 몰려들었고, 그 발길은 지금까지 이어져 해마다 수백만 명의 일본인이 이곳을 찾는다고 한다.

언제나 사람들로 북적이는 기요미즈데라의 부타이에 서면 아슬아슬한 난간 아래 깎아지른 절벽이 아찔하다. 실제로 이곳에서 투신자살을 기도한 사람들도 많아서 "기요미즈데라의 부타이에서 뛰어내릴 각오를 하고"(죽을 각오를 하고)라는 속담이 생겨났단다. 그런데 기록을 보면 뛰어내린 사람 중 진짜 죽은 사람은 15퍼센트에 불과하다고 하니, 보기보단 덜 위험한 듯하다(그렇다고 뛰어내리진 마시길).

기요미즈데라의 부타이에서 보는 전망도 좋지만 본당 건너편 오쿠노인[奧の院]에서 부타이를 바라보는 풍광은 더욱 환상적이다. 본당과 부타이, 나무 난간뿐 아니라 삼중탑과 멀리 교토 시내까지 한눈에 보이기 때문이다. 봄이면 벚꽃, 여름엔 울창한 녹음, 가을이면 단풍, 겨울엔 흰 눈으로 갈아입어 계절마다 다른 풍경을 연출한다. 그 가운데 본당의 거대한 너와 지붕은 변함없이 장엄한 분위기를 자아내는데, 이렇게 '노송나무 껍질'(히와다ひわだ)을 '이어'(부키ぶき) 만든 전통 지붕을 '히와다부키'라 부른다. 이 우아한 지붕의 단점은 수십 년마다 한 번씩 전면 교체 작업을 해야 한다는 것. 가장 최근 공사가 2020년에 끝났다니, 당분간은 공사 걱정 없이 둘러볼 수 있겠다.

부타이의 나무 기둥 아래에는 사람들이 줄을 서서 세 줄기 샘물을 받아 마시는 모습을 볼 수 있다. '기요미즈데라'라는 이름이 유래한 맑은 물을 마시는 것도 기념이 될 듯하다. 더욱이 세 물줄기는 각각 무병장수와 학업 성취, 연애에 효험이 있다니 더욱더. 그런데 이 세

본당 건너편 오쿠노인에서는 본당과 부타이는 물론 교토 시내가 펼쳐져 보인다.

소원을 이뤄준다는 세 줄기 샘물

가지를 모두 마시면 오히려 불운이 찾아온다니 주의할 것(역시 일본인
들이 만들어낸 이야기는 디테일에서 한 번 더 빛을 발한다).

　소원 성취의 샘물까지 마셨다면 기요미즈데라 구경은 얼추 마친
셈이다. 산문을 나와 기요미즈자카를 되짚어가다 샛길로 빠져 전통
쇼핑가인 산넨자카, 니넨자카를 지나면 교토의 옛 모습을 그대로 간
직한 거리, 기온이다.

마쓰리와
게이샤의 고향

기온

기온은 야사카[八坂] 신사의 몬젠마치[門前町: 절이나 신사를 끼고 발달한 마을. 우리 식으로는 '사하촌']에서 시작된 거리다. 야사카 신사에서 시작해 가모 강을 지나는 시조도리(도리とおり는 '거리')를 중심으로 남쪽의 하나미코지도리, 북쪽의 기온신바시 등을 포함한다. 기온[祇園]이라는 이름은 석가모니가 가장 오래 머물며 설법을 했던 인도 사찰인 기원정사[祇園精舍]에서 따왔다.

곳곳에 자리 잡은 오래된 사찰과 신사들이 신성한 분위기를 자아내지만, 기온은 중세 이후 술집과 유곽이 빼곡한 환락가로 유명했다. 성聖과 속俗의 조화라고나 할까? 여인의 유혹에도 흔들림이 없었던 석가모니의 후예들이기에 가능한 일인지도 모른다.

기온의 중심인 야사카 신사

기온의 중심인 야사카 신사는 656년에 처음 문을 연 이 동네 터줏 대감이다. 널찍한 삼거리 교차로에 떡하니 자리 잡은 거대한 신사 정 문은 지금도 교토 시민들의 단골 약속 장소란다. 이곳에 처음 신사를 세운 것은 고구려계 도래인인 야사카 씨였다(그래서 야사카 신사다). 지 금의 건물들은 에도 시대에 지은 것들이고, 그나마 다른 신사들에 비 해 그다지 훌륭하다 할 수는 없지만, 야사카 신사는 교토를 넘어 전

기온 마쓰리의 꽃, 야마보코의 행진

1920년대의 기온 마쓰리

2부 일본 역사여행

국적으로 유명하다. 도쿄의 간다 마쓰리*, 오사카의 덴진 마쓰리와 함께 '일본의 3대 마쓰리'로 꼽히는 교토의 기온 마쓰리가 바로 이곳에서 시작하기 때문이다.

기온 마쓰리가 처음 시작된 사연은 이렇다. 때는 헤이안 시대 전반기인 869년. 교토에 큰 전염병이 돌자 황실의 음양사들은 야사카 신사에 모신 고즈 덴노[牛頭天王: 우두천왕]를 원인으로 지목했다('소머리 천왕'이라, 어쩐지 이름부터 좀 무시무시하다). 고즈 덴노가 다타리[祟り: 원령의 저주]를 내린 탓이라는 것이다(다타리는 지금도 일본 공포 만화나 드라마의 단골 소재다). 그렇다면 해결책은? 기온 지역 66개의 마을마다 신을 모실 야마보코[山鉾]라는 이름의 화려한 꽃수레를 만들어 성대히 제사를 지내는 것! 이렇게 했더니 정말 역병이 사라졌고, 이것이 기온 마쓰리의 기원이 되었단다(야마보코[山鉾]는 다시[山車]의 일종이다).

＊신과 인간의 흥겨운 만남, 마쓰리

마쓰리[祭り]란 신도의 신들에게 드리는 제사祭祀다. 그런데 평소처럼 신사에서 조용히 지내는 것이 아니라 1년에 한 번, 신을 모신 거대한 가마 모양 수레인 '다시[山車]'를 시끌벅적 끌고 다니며 거리에서 지내는 흥겨운 제사(축제)다. 농촌에서는 봄에 풍년을 기원하거나 가을걷이에 감사하기 위해, 도시에서는 여름에 전염병이 돌지 않도록 마쓰리를 열었다고 한다. 요즘도 일본 전역에서 다양한 목적과 방식의 마쓰리가 열리고 있다.

지금은 참여 마을이 32개로 줄었지만, 기온 마쓰리는 우리의 강릉 단오제와 함께 유네스코 무형문화유산에 등재되어 천 년 넘는 전통을 이어가고 있다. 마쓰리가 열리는 7월이면 기온뿐 아니라 교토 전체가 축제 분위기로 넘쳐난다. 한 달 동안 계속되는 기온 마쓰리의 하이라이트는 '움직이는 미술관'이라 불리는 야마보코의 행진. 10톤이 넘는 화려한 꽃수레를 오직 사람의 힘으로 끄는 모습을 보면 감탄사가 절로 나온다. 특히 커다란 쐐기를 거대한 바퀴 아래 넣다 뺐다 하며 수레의 방향을 바꾸는 모습은 가히 예술이라 부를 만하다. 이모든 것이 마을 사람들의 자발적인 참여로 이루어진다니 더욱 놀랍다(그리고 살짝 부럽다).

야마보코 행진의 출발점이자 도착점인 야사카 신사를 나오면 기온의 중심 거리인 시조도리다. 헤이안 시대에는 식당*과 찻집, 여관 등이 모여든 번화가였으나 오닌의 난으로 불타버린 후 논밭이 되었다. 한참 후 에도 시대에 들어와 고급 찻집과 유곽이 즐비한 유흥가로 거듭났다. 특히 시조도리에서 남쪽으로 뻗어 나온 하나미코지도리는 기온을 대표하는 유곽 거리였다. 지금도 에도 시대의 건물들이 그대로 남아 있는 거리에는 차야[茶屋: 전통 찻집]와 오키야[置屋: 게이샤 파견업소] 등이 성업 중이다.

이곳의 차야와 음식점들은 가격이 무지 비쌀 뿐 아니라 낯선 손님은 받지도 않는단다(단골과 함께 가거나 그의 소개장을 가져가야 한다고). 오키야는 화려한 기모노를 입고 짙은 화장을 한 게이샤[芸者: 예인]와 마이

기온의 중심 거리 시조도리(위)와 출퇴근하는 마이코를 만날 수 있는 하나미코지도리(아래)

코[舞子: 견습 게이샤]들이 머무는 집이다. 이곳에 대기하던 게이샤는 손님이 부르면 요정이나 찻집으로 찾아간다. 덕분에 저녁 무렵에는 출근하는 마이코와 게이샤, 그들을 보기 위해 몰려든 관광객으로 거리가 붐빈다.

* '교료리'를 아시나요?

황족과 귀족, 무사들이 모여 살던 교토는 요리도 발달했다. 까다로운 지배층의 입맛을 맞추다보니 자연스런 일이었다. 교토의 요리를 뜻하는 '교료리[京料理]'는 요즘도 고급 요리의 대명사로 통한다. 교토의 대표 유흥가인 기온에는 교료리 전문점이 많다. 식재료의 풍미를 살리기 위해 조미료를 거의 쓰지 않고 다양한 제철 채소를 사용하는 것이 교료리의 특징이다. 자극적인 것에 익숙한 우리 입맛에는 "엄청 비싼데 무지 밋밋한" 요리일 수도 있으니 주의할 것.

'당풍'에서
'국풍'으로

뵤도인

기요미즈데라와 기온이 교토 동부를 대표한다면 교토의 남부에는 뵤도인[平等院]이 있다. 기온시조역에서 기차를 타고 우지역에 내리면 뵤도인까지 걸어서 10분이다. 뵤도인이 자리 잡은 우지[宇治]는 헤이안 시대 귀족들의 별장 지대였다. 산 좋고 물 맑고 고급 차[茶]가 나는 데다, 헤이안쿄와는 물길로 연결되어 교통까지 편리했기 때문이다(산 좋고 물 맑고 서울에서 가까운 양평이 우리나라 대표 별장 지대인 것과 같은 이치다).

사찰인 뵤도인도 원래 별장이었다. 후지와라 가문의 전성기를 열었던 후지와라노 미치나가[*]가 물려준 별장을 아들 요리미치가 사찰로 개조했다. 이때가 1052년. 이 무렵 후지와라 씨의 권력과 함께 그들이 이끈 국풍國風 문화도 활짝 피어났다. 나라 시대의 덴표 문화가

헤이안 시대의 국풍 문화를 대표하는 뵤도인

견당사를 통해 수입한 '당풍' 문화라면, 헤이안 시대의 국풍 문화는 이름처럼 일본 고유의 전통을 강조했다.

국풍의 시작은 260여 년간 이어오던 견당사의 폐지였다. "이제는 당에서 더 이상 배울 것이 없다!"는 것이 이유였다. 수백 년간 대륙 문화의 충실한 학생이었던 일본이 스스로 졸업을 선언한 셈이다. 실제로 이 무렵 당은 혼란이 계속되어 문화도 활력을 잃었다. 견당사에 드는 천문학적 비용을 생각하면 한마디로 '가성비'가 떨어졌다. 후지와라 씨가 주도한 견당사 폐지는 덴노를 견제하려는 정치적 목적도 있었다. 지금까지 덴노의 핵심 브레인으로 개혁 정책을 이끌었던 견당사 출신 학자와 승려들의 맥을 끊겠다는 계산이었다.

이유야 어찌 되었든 국풍 문화에는 후지와라 가문의 문화적 자신감이 깊게 배어 있었다. 천하를 손아귀에 넣었던 후지와라노 미치나가는 문학과 예술에도 조예가 깊었다. 스스로 일본 고유의 노래인 와카[和歌]를 지어 부르고 뛰어난 글들을 남겼다(그가 20여 년간 쓴 일기는 유네스코 세계기록유산에 등재되었다). 미치나가의 아들 요리미치는 건축뿐 아니라 조각, 회화, 공예에 이르기까지 당대 최고의 문화적 역량을 뵤도인 건설에 몽땅 털어 넣었다. 요리미치가 원한 것은 극락세계를 지상에 이룩하는 것. 마침내 요리미치의 꿈은 현실이 되었고, 뵤도인은 헤이안 시대 국풍 문화의 상징이 되었다.

뵤도인의 규모는 한때 우지시의 절반을 차지할 정도였다는데, 여러 번의 전란에 휘말리면서 대부분 소실되어 당시의 모습을 간직하고 있는 건물은 아미타불을 모신 봉황당鳳凰堂 한 곳뿐이다. 하지만 실망할 필요는 없다. 봉황당 하나면 충분하니까. 보면 그냥 안다. 국보니 유네스코 세계문화유산이니 하는 타이틀은 모두 후세 사람들이 붙여놓은 사족에 불과하다는 것을.

나무 창틀 사이로 아미타불의 얼굴이 살짝 보이는 본당과 그 좌우로 날개처럼 펼쳐진 회랑은 그대로 한 마리 새의 형상이다. 연못 안에 자리 잡은 봉황당이 수면에 비친 모습은 마치 물 위에 떠 있는 부처님의 궁전인 듯. 날렵한 지붕 위에 내려앉은 황금빛 봉황 두 마리가 이곳이 극락임을 알려준다(그래서 '봉황당'이라는 이름이 붙었다).

안으로 들어가면 더욱 화려한 극락세계가 펼쳐진다. 중앙에 좌정한 황금 아미타여래좌상의 주위에는 수십 구의 운중공양 보살상들이

뵤도인 본당의 아미타불

실제 봉황당과 10엔짜리의 봉황당

뵤도인의 박물관 호쇼칸(위)과
1952년에 촬영한 청동
봉황상(아래)

2부 일본 역사여행

하늘을 날고, 기둥과 벽에는 춤을 추는 선녀와 피리 부는 동자, 솟아오르는 봉황 그림이 보인다. 극락세계의 주인공인 아미타여래좌상을 만든 이는 당대 최고의 조각가인 조초[定朝]였다. 그는 '조초 양식'이라 불리는 자신만의 조각 기법을 개발해 중국과도 한반도와도 다른 불상을 만들어냈다. 덕분에 '지상 극락' 뵤도인은 국풍의 상징이 되었다(봉황당은 10엔짜리 동전에 새겨져 있기도 하다).

봉황당 옆의 현대식 박물관 호쇼칸에서는 뵤도인의 다른 보물들을 자세히 살펴볼 수 있다. 살아 있는 듯한 청동 봉황상(1만엔권 지폐에도 등장한다), 일본에서 가장 아름다운 범종, 봉황당에서 본 것과는 다른 운중공양 보살상 등 보물들이 한가득이다.

뵤도인에서 나와 10분쯤 걸어가면 헤이안 시대 국풍 문화의 또 다른 상징을 만날 수 있다. '겐지모노가타리 뮤지엄'이 그곳이다. 〈겐지모노가타리[겐지 이야기]〉는 일본 고유의 문자(가나)로 쓴 최초의 소설이다(우리로 치면 최초의 한글 소설인 허균의 〈홍길동전〉 같은 작품이다). 헤이안 시대 궁중의 암투와 연애 이야기를 담은 〈겐지모노가타리〉는 원고지 4,800매 분량의 장편 소설로, 당대 최고의 인기를 누렸다. 일본에서 가나가 생겨난 것은 7세기의 일이지만 본격적으로 쓰이기 시작한 것은 11세기 초 〈겐지모노가타리〉가 흥행 대박을 터뜨린 이후부터라고 한다. 덕분에 〈겐지모노가타리〉는 뵤도인과 함께 국풍 문화의 아이콘이 되었다. 겐지모노가타리 뮤지엄에서는 그림과 영상 등으로 소설의 내용과 당시의 생활상을 살펴볼 수 있다.

겐지모노가타리 뮤지엄과 전시물들

천 개의 천수관음상을 만든 상황의 힘

산주산겐도

나는 새도 떨어뜨리던 후지와라 가문에도 위기가 찾아왔고, 상황이 권력을 휘두르는 '원정'이 시작되었다(고 33쪽에서 말한 바 있다). 기다란 건물 안에 국보들이 즐비한 산주산겐도에서는 당시 상황의 권력뿐 아니라 새롭게 떠오르는 무사의 힘도 확인할 수 있다.

　기요미즈데라와 교토역 사이, 교토국립박물관 바로 옆에 자리 잡은 산주산겐도[三十三間堂]는 이름처럼 서른세 칸짜리 건물이다. 여기서 '칸'이란 전통 건물의 길이나 넓이를 재는 단위로, 기둥과 기둥 사이가 한 칸이다. 우리나라에서 '서른세 칸짜리 한옥'이라면 보통 '가로 11칸×세로 3칸'(=33칸)짜리 건물을 뜻하는데, 산주산겐도는 가로만 서른세 칸(그러니까 기둥은 34개)에 이르는 기다란 건물이다. 길이가

무려 120미터로, 일본뿐 아니라 세계에서 가장 긴 목조건물이기도 하다(우리나라에서 가장 긴 목조건물인 종묘 정전은 101미터다).

산주산겐도를 처음 본 사람들은 보통 두 번 놀란다. 어마어마한 건물 길이에 한 번, 그 안을 가득 채우고 있는 1,001개의 천수관음상을 보고 또 한 번. 중앙의 천수관음좌상을 중심으로 똑같은 모양의 황금 빛 천수관음입상 1,000개가 빽빽하게 줄지어 선 모습은 마치 블록버스터 영화의 한 장면 같다. 사람 크기의 천수관음상은 저마다 11개의 얼굴과 40개의 팔을 가졌다. 천수관음이란 천 개의 눈으로 세상을 살피고, 천 개의 손으로 중생을 구원한다는 관음보살의 다른 이름이다.

34개의 기둥에 120미터의 길이를 자랑하는 산주산겐도

산주산겐도 안에는 1,000개의 천수관음입상이 중앙의 천수관음상 좌우로 줄지어 서 있다.

'왜 이곳의 천수관음은 팔이 40개뿐이냐?' 하고 시비를 걸 필요는 없다. 천千이라는 숫자는 그저 많다는 의미일 뿐이니까(티베트에는 진짜로 1,000개의 팔이 달린 천수관음 그림이 있단다).

이곳에 산주산겐도를 짓고 천수관음상을 봉안한 이는 고시라카와 법황이었다(텐노가 왕위를 물려주면 상황上皇, 상황이 출가를 하면 법황法皇이라 불린다). 그가 이렇게 어마어마한 불사를 일으킨 것은 출가를 할 정도로 깊은 불심 때문, 이라기보다는 자신의 권력을 과시하기 위해서였다.

일찌감치 아들에게 덴노 자리를 물려주고는 상황이 되어 원정을 펼쳤던 그는 법황이 되어서도 권력을 놓지 않았다. 그걸 만천하에 과시하고자 서른세 칸짜리 건물을 짓고 천 개의 천수관음상을 세워놓은 것이다. 실제 공사를 책임진 것은 고시라카와 법황의 핵심 측근이었던 다이라노 기요모리였다. 그는 당시 새롭게 떠오른 무사 가문 다이라[平] 씨의 수장이었다. 맞다, 훗날 미나모토[源] 씨와 천하의 패권을 두고 겐페이[源平] 전쟁을 벌였던 그 다이라 씨. 이렇듯 원정 권력을 무력으로 뒷받침한 것은 신흥 무사단이었다(고 35쪽에서 설명한 바 있다). 고시라카와 법황의 총애를 받았던 다이라노 기요모리는 초고속 승진을 거듭해 가장 높은 벼슬인 태정대신에 올랐다.

그는 법황에게 잘 보이기 위해 산주산겐도 건설에 최선을 다했다. 더불어 다이라 씨들을 고위 관리로 발탁하고 당시 일본 땅의 절반 이상을 가문의 영지로 차지했다. 점차 기요모리의 권력이 법황을 능가하기 시작했다. 그는 당나라를 이은 송나라와의 민간 무역으로 막대한 부를 쌓았다(국가 차원의 공식 무역은 무로마치 시대에 이루어졌다). 권력을 잡고 부를 이룬 다이라 씨는 무사가 아니라 귀족처럼 행동했다. 새로운 무사 정권을 세우는 대신 후지와라 씨처럼 외척이 된 것이다. 하지만 이 과정에서 지방 무사들과의 관계가 소원해졌고, 결국 겐페이 전쟁에서 패하고 말았다.

새로 권력을 잡은 미나모토노 요리토모는 다이라 씨의 전철을 밟지 않았다. 그는 지방 무사단을 권력 기반으로 삼고 가마쿠라에 막부

임진왜란 때 희생된 조선인의 한이 서린 귀무덤

를 열었다. 이후 약 150년간 권력의 중심은 가마쿠라로 옮겨 갔다가,
무로마치 막부와 함께 다시 교토로 돌아왔다.

산주산겐도에서 무로마치 시대를 대표하는 걸작인 금각사로 자리
를 옮기기 전에 꼭 하나 보고 갈 것이 있다. 여기서 걸어서 5분이면
닿는 '귀무덤'이다. 임진왜란 때 도요토미 히데요시는 조선인들의 코
를 베어서 보내라는 명령을 내렸다. 머리를 베어 보내기는 무거우니
코의 수를 세어 전과를 확인하겠다는 의도였다. 그렇게 보내온 2만여
개의 코를 이곳에 묻고 탑을 세웠다. 원래는 코무덤[鼻塚]이라 불렀는

도요토미 가문 멸망의 빌미를 제공했던 호코지 범종

데 너무 야만적이라며 에도 시대에 귀무덤[耳塚, 미미즈카みみづか]으로
이름을 바꿨단다(귀무덤은 덜 야만적인 것일까?).

　귀무덤에서 50미터쯤 떨어진 곳에는 도요토미를 모신 도요쿠니 신
사와 그가 세운 절인 호코지가 나란히 붙어 있다. 호코지는 도쿠가와
가 오사카성을 공격하는 빌미가 된 곳이다(89쪽 참고). 한때 엄청난 규
모를 자랑하던 호코지는 대부분 사라졌는데, 문제가 되었던 범종은
아직 남아 있다. 귀무덤과 도요쿠니 신사 그리고 호코지. 역사는 때로
잔인하고, 자주 분통이 터지지만, 가끔은 인과응보처럼 보인다.

무로마치 막부의
두 얼굴

금각사와 은각사

금각사金閣寺(킨카쿠지きんかくじ)와 은각사銀閣寺(긴카쿠지ぎんかくじ)는 여러모로 비교가 되는 곳이다. 거리도 제법 떨어져 있고, 만들어진 시기도 100년쯤 차이가 나지만, 그렇다. 우선 금각사와 은각사라는 이름이 그렇고, 각각 무로마치 시대의 북산北山(기타야마) 문화와 동산東山(히가시야마) 문화를 대표한다는 점도 그렇고, 가장 강력한 쇼군과 가장 힘없는 쇼군이 만들었다는 점 또한 그렇다. 금각사가 화려하다면 은각사는 은은하고, 금각사가 붐빈다면 은각사는 여유롭다. 이렇게 여러모로 대비되는 금각사와 은각사는 한 묶음으로 살펴보는 것이 더욱 좋다.

금각사는 이름 그대로 번쩍이는 금박을 입힌 3층짜리 누각(금각)이

금각사의 상징인 금각

있는 절이다(금박은 1층을 제외하고 2, 3층만 했는데, 약 20킬로그램의 순금이 들었
다고 한다). 본명은 로쿠온지이지만 금각사라는 별명이 훨씬 더 유명하
다. 기요미즈데라와 함께 '교토 양대 명소'로 손꼽히기에 연못에 비친
금각을 볼 수 있는 뷰 포인트는 언제나 관광객들로 발 디딜 틈이 없
다. 사람들의 물결에 휩쓸려 금각을 보고 난 반응은 "번쩍이는 것 말
고는 별로 볼 것이 없다."라는 실망과 "역시 교토를 대표하는 아름다

운 문화유산이다."라는 감탄으로 갈린다. 실망하든 감탄하든 금각의
화려함만은 부인할 수 없는 사실이고 거기에는 역사적 배경이 있다.

금각사는 원래 무로마치 막부의 전성기를 이끈 3대 쇼군 아시카가
요시미쓰의 저택이었다. 그는 무로마치 시대 초기 남북조의 분열을
끝내고 중국(명)과의 무역을 통해 막부의 경제적 기반을 다졌다(39쪽
참고). 산주산겐도를 만든 다이라노 기요모리의 대송 무역이 민간 차
원이었다면, 무로마치 막부의 대명 무역은 명과 정식 국교를 맺고 이
루어진 국가 차원의 공식 무역이었다(이 과정에서 그는 스스로를 '일본 국왕'
이라 칭하면서 중국 황제의 신하를 자처해 훗날 일제의 역사학자들에게 욕을 바가지로
먹는다). 이렇게 확보한 막대한 자금으로 자신의 저택을 금박으로 꾸
몄던 것이다.

이 무렵 아시카가 요시미쓰는 쇼군의 지위를 아들에게 물려주고
출가한 상태였다. 이건 조금 전 살펴보았던 고시라카와 법황의 경우
와 비슷하다. 요시미쓰도 고시라카와 법황처럼 출가한 뒤에 더욱 강
력한 권력을 휘둘렀으니까. 그는 쇼군의 저택을 아들에게 물려주고
교토의 북쪽 산에 더욱 화려한 저택을 지으면서 기타야마덴[北山殿: 북
산전]이라 이름 지었다. 여기에는 금각을 비롯한 여러 건물이 들어서
덴노의 궁전 부럽지 않은 규모를 자랑했다. 요시미쓰는 이곳으로 덴
노와 귀족, 승려, 무사들을 초대해 연회를 베풀고, 차를 마시고, 시와
노래를 지으면서 중국산 도자기와 그림을 감상하기도 했다.

여기서 무로마치 막부의 전반기(이자 전성기)를 대표하는 북산 문화

가 시작되었는데, 기타야마덴의 손님들처럼 공가(귀족)와 무사, 승려의 문화가 융합된 것이 특징이다. 요시미쓰가 죽은 후 기타야마덴은 그의 법호(승려가 죽은 후 받는 이름)를 따 로쿠온지[鹿苑寺: 녹원사]라는 사찰이 되었고, 금각은 부처님의 사리를 모신 사리전이 되어 오늘에 이르고 있다.

금각은 층마다 건축 양식이 다른데, 1층은 덴노의 침전 양식, 2층은 무가의 서원 양식, 3층은 선종 불교의 사찰 양식으로 꾸며졌단다(아쉽게도 내부는 비공개라 눈으로 확인할 수는 없다). 덕분에 금각은 북산 문화(공가+무가+불가)의 상징이 되었다.

은각사는 이름과 달리 짙은 색 나무 외장이 그대로 드러난 2층 누각(은각)이 있는 절이다. 본명은 히가시야마지쇼지[東山慈照寺: 동산자조사]인데 은각사라는 별명이 훨씬 더 유명하다(하지만 색깔만 놓고 보면 '흑각사'라 해야 할 듯). 유네스코 세계문화유산인 것은 금각사와 같지만 '교토 양대 명소'로 꼽히는 건 아니어서 비교적 여유롭게 둘러볼 수 있다. 거기다 아기자기한 정원과 호젓한 산책로, 전망 좋은 뷰 포인트도 있어 금각사의 번잡함에 실망한 이들은 "은각사가 훨씬 좋다."고 말하기도 한다(물론 이름과 달리 은박이 없는 것에 실망하는 사람도 있다). 금각사의 화려함처럼 은각사의 은은함에도 역사적 배경이 있다.

은각사는 원래 아시카가 요시미쓰의 손자이자 제8대 쇼군인 요시마사의 별장이었다. 그는 무로마치 막부를 허수아비로 만들고 센고쿠 시대를 연 '오닌의 난'의 원인 제공자였다. 처음에는 동생을 후계

이름과 달리, 은각사의 은각은 짙은 고동색이다.

2부 일본 역사여행

은각사의 모래 정원인 긴샤단銀沙灘

자로 지목한 요시마사가 뒤늦게 태어난 아들을 쇼군으로 삼으려 하자 전국의 다이묘들이 두 편으로 갈려 전쟁을 벌인 것이다(오닌[應仁]은 당시 덴노인 고쓰치미카도의 연호다). 이 과정에서 교토는 불바다가 되고 대부분의 문화유산이 불타버렸다.

그런데 정작 오닌의 난이 일어나자 아시카가 요시마사는 쇼군의 지위를 아들에게 물려주고는 다도와 조경 같은 취미 생활에 몰두했다. 요시미쓰의 은퇴가 더 큰 권력을 위한 조치였다면, 요시마사의 은퇴는 글자 그대로 세상일에서 손을 떼기 위한 것이었다.

10년을 끌던 오닌의 난이 승자도 패자도 없이 흐지부지 끝난 뒤 요시마사는 교토의 동쪽 산에 히가시야마덴[東山殿: 동산전]이라는 별장을 짓고 참선 수행과 시와 그림 같은 문화생활에 빠져들었다. 여기서 무로마치 막부의 후반기(이자 쇠퇴기)를 대표하는 동산 문화가 시작되었는데, 선불교의 영향을 받은 무사들이 주인공이었다. 작고 소박한 다실에서 차를 마시며 정신을 수양하는 다도, 돌과 모래만으로 꾸민 정원인 가레산스이 등이 동산 문화의 대표 선수들이다(가레산스이는 금각사에서 1킬로미터쯤 떨어진 사찰인 료안지의 것이 가장 유명하다).

　수행에 전념하다 마침내 출가한 아시카가 요시마사는 할아버지의 사리전(금각)에 필적하는 관음전을 지으려 했으나 완공을 보지 못하고 눈을 감았다. 요시마사가 죽은 뒤 히가시야마덴은 그의 법명을 더해 '히가시야마지쇼지'라는 사찰이 되었고, 관음전은 은각이라는 별명을 얻었다. 그가 사리전의 금박에 대비해 관음전을 은박으로 꾸미려 했(으나 돈이 없어 못했)다는 소문이 퍼졌기 때문이다.

　은각도 금각처럼 층마다 건축 양식이 다른데, 1층은 무가의 서원 양식이고 2층은 선종 불교의 사찰 양식이다(이 역시 내부는 비공개다). 따라서 은각은 동산 문화(무사+선불교)의 상징이 되었다.

덴노와 쇼군은
이웃사촌?

교토 고쇼와 니조성

교토에는 금각사와 은각사처럼 세트로 묶어 둘러보면 좋은 곳이 또 있다. 가마쿠라 시대 말기부터 덴노가 머물렀던 교토 고쇼[京都御所]와 에도 시대 쇼군의 성이었던 니조성[二条城]이 그렇다. 교토 시청 인근에 자리 잡은 교토 고쇼와 니조성은 약 2킬로미터쯤 떨어져 있다. 둘 다 담벼락 하나만 해도 수백 미터에 이르는 규모를 자랑하니, 이 정도 거리면 '이웃사촌'이라 불러도 무방할 듯하다. 이렇게 된 까닭은 에도 막부를 연 도쿠가와 이에야스가 덴노를 보호(라고 쓰고 '감시'라고 읽는다)하기 위해 교토 고쇼 인근에 니조성을 세웠기 때문이다. 덴노의 궁과 쇼군의 성. 이 둘을 살펴보면 자연스레 무사 정권 시기 일본의 역사가 보인다.

교토 고쇼 입구. 고쇼가 정식 황궁이 된 것은 1331년의 일이다.

'고쇼'는 덴노의 거처를 뜻하는데, 원래 지금의 위치보다 서쪽으로
2킬로미터쯤 떨어진 헤이안쿄 중심에 있었다. 잦은 화재와 지진으
로 망가진 헤이안쿄의 황궁을 수리하는 동안 신하와 외척의 집을 덴
노의 임시궁으로 삼는 일이 많았다. 가마쿠라 시대 초기였던 1227년
큰불로 황궁이 또다시 소실되자 이번에는 아예 복구를 포기하고 덴
노는 신하의 집을 떠도는 신세가 되었다(무사 정권 수립 이후 허수아비가 된

　　　　　　　　　　　　　　　　　2부 일본 역사여행

덴노의 처지가 얼마나 형편없었는지 이것만 봐도 알 수 있다).

그러던 1331년, 지금의 교토 고쇼가 정식 황궁이 되면서 덴노는 집 없는 설움(?)을 벗어나게 되었다. 여기에는 사연이 있다. 당시는 가마쿠라 시대 말기의 혼란이 극심할 무렵으로, 바로 이해에 고다이고 덴노가 '타도 가마쿠라 막부'의 깃발을 높이 들고 군대를 일으켰다('고다이고'라는 이름이 가물가물한 분들은 38쪽을 다시 볼 것). 그러자 가마쿠라 막부는 부랴부랴 고다이고 덴노를 폐하고 고곤 덴노를 즉위시켰다. 그러면서 마련해준 정식 황궁이 교토 고쇼였다. 자신들의 손으로 세운 덴노에게 말 잘 들으라며 번듯한 집 한 칸 마련해준 셈이랄까.

하지만 가마쿠라 막부는 몇 년 버티지 못했고, 고다이고 덴노가 교토 고쇼의 새로운 주인이 되었다. 이후 고다이고 덴노가 자신을 도와 가마쿠라 막부를 무너뜨린 아시카가 다카우지에 의해 남쪽으로 쫓겨났다(1336년). 이로써 남북조 시대가 되면서 교토 고쇼는 북조 덴노들의 황궁이 되었다가(남조의 황궁은 요시노에 있었다), 무로마치 막부의 3대 쇼군 아시카가 요시미쓰가 남북조 통일(1392년)을 이룬 후에야 드디어 하나뿐인 황궁이 될 수 있었다. 이때부터 메이지 유신으로 덴노가 교토를 떠나기까지 약 500년 동안 교토 고쇼는 황궁의 역할을 했다. 지금은 도쿄에 사는 덴노와 황족들이 교토를 찾을 때마다 머무는 별궁으로 사용된다.

예전엔 제한된 인원만 사전예약 가이드 투어를 허용했는데, 몇 해 전부터 자유 관람으로 바뀌었다(그래도 하루 관람 인원 제한은 여전하니 되도

교토 고쇼의 정전인 시신덴. 고곤 덴노부터 쇼와 덴노까지 이곳에서 즉위식을 치렀다.

록 일찍 가는 것이 좋다).

입장권을 받고 고쇼의 입구인 기슈몬으로 들어가 신하들의 대기장소인 쇼다이부노마 등을 지나면 고쇼의 정전인 시신덴이 보인다(참고로 경복궁의 정전은 근정전이다). 기요미즈데라의 본당과 같은 '히와다부키' 지붕이 근엄한 시신덴에서는 고곤 덴노(1331년 즉위)부터 쇼와 덴노(1928년 즉위)까지의 즉위식이 열렸다. 아키히토 덴노(1989년 즉위)부터 도쿄에서 즉위식을 치렀는데, 이때 교토 고쇼의 어좌(덴노 전용 의자)를 도쿄로 옮겼다가 다시 가져왔단다.

메이지 덴노가 왕정복고를 선언한 고고쇼

　다시 몇 개의 옛 건물을 지나면 메이지 덴노가 '왕정복고'를 선언한 고고쇼가 나온다. 교토 고쇼가 처음 세워진 것은 가마쿠라 시대의 일이었으나 지금 볼 수 있는 건물들은 대부분 에도 시대의 것이다. 센고쿠 시대의 난리통에 폐허가 되다시피 한 교토 고쇼는 도요토미 히데요시와 도쿠가와 이에야스의 손을 거치면서 더욱 웅장하게 재건되었다. 이들이 스스로의 권위를 드높이기 위해서 덴노의 황궁 또한 크고 화려하게 지었던 것이다.

　동시에 덴노에 대한 감시도 게을리하지 않았다. 도요토미 히데요시는 교토 고쇼 바로 옆에 자신의 화려한 저택*을 지었고, 도쿠가와 이에야스는 조금 떨어진 곳에 해자를 파고 성을 세워서 자신의 숙소(겸 텐노 감시 초소)로 삼았다(물론 그가 주로 머물렀던 곳은 막부가 설치된 에도성이었다).

이렇게 태어난 니조성은 도쿠가와 이에야스의 손자인 이에미쓰 대에 더욱 커져 오늘날의 규모를 갖추었다. 폭 13미터의 해자에 둘러싸인 성의 크기는 동서로 480미터, 남북으로 360미터에 이른다. 내부는 크게 혼마루(중심 성곽)와 니노마루(제2성곽)로 나뉘는데, 혼마루에 있던 5층짜리 천수각은 벼락을 맞고 사라졌지만 니노마루의 중심 건물인 니노마루고텐은 옛 모습 그대로 자리를 지키고 있다.

6개의 건물이 지그재그 형태의 복도로 연결되어 있는 니노마루고텐은 연면적 3,300제곱미터에 크고 작은 방만 모두 33개에 달한다.

* 임진왜란을 예고한 곳, 주라쿠다이

도요토미 히데요시는 교토 고쇼보다 화려한 저택을 짓고는 '주라쿠다이[聚樂第]'(불로장생 저택)라고 이름 붙였다. '취미가 사치'였던 도요토미는 주라쿠다이 곳곳을 금박으로 입혔다(오사카성에 복원된 황금다실이 바로 이곳에 있었다). 일본 통일 이후 대륙 정복을 꿈꾼 곳도 주라쿠다이였다. 이곳에서 조선의 사신을 만난 도요토미가 "명을 치러 갈 테니 길을 안내하라."고 말한 것이다. 귀국한 사신들의 엇갈린 보고로 조선은 우왕좌왕 시간만 보냈고, 도요토미 히데요시는 1년쯤 뒤 임진왜란을 일으켰다.

에도 막부의 마지막 쇼군 도쿠가와 요시노부가 '대정봉환'을 선언한 니조성의 니노마루고텐

나무 마루가 깔린 총길이 450미터의 복도는 암살자를 막기 위해 걸
을 때마다 새소리가 나도록 만들어 '휘파람새 마루'라는 별명이 있다
(실제로 걸어보면 신기하게도 새소리가 난다).

  니노마루고텐의 공식 접견실인 오히로마에서 마지막 쇼군 도쿠가
와 요시노부가 통치권을 메이지 덴노에게 반환한다는 '대정봉환'을
선언했다. 이때까지만 해도 요시노부는 쇼군의 지위를 유지하며 덴

폭 13미터의 해자에 둘러싸인 니조성

노와 권력을 나눌 것을 기대하고 있었다(텐노 측도 사전 협상에서 이런 조건을 수용했다). 하지만 메이지 텐노는 두 달 뒤 교토 고쇼의 고고쇼에서 왕정복고를 선언하며 쇼군의 지위를 박탈하고 영지마저 몰수해버렸다. 속았다고 생각한 요시노부가 뒤늦게 전쟁을 일으켰지만 결국 막부는 타도되고 메이지 시대가 열렸다(대정봉환과 왕정복고, 막부 타도, 텐노 중심의 국가 수립에 이르는 일련의 과정을 통틀어 '메이지 유신'이라 부른다). 교토 고쇼와 니조성이 이웃사촌이 된 지 260여 년 만에 쇼군과 텐노의 지위가 역전된 셈이다.

대나무 숲에도
역사는 흐른다!

아라시야마

드디어 교토 역사기행의 종착지, 아라시야마다. 교토 북서쪽에 위치한 아라시야마는 하늘을 가릴 듯 빽빽한 대나무 숲으로 유명한 관광지다. 봄이면 화사한 벚꽃, 가을엔 고운 단풍이 아름답다. '아니, 대나무 숲이랑 꽃구경, 단풍구경을 하며 무슨 역사기행?'이라고 생각한다면 오산이다. 헤이안 시대부터 자연을 즐기려는 귀족들의 별장 지대였던 아라시야마에는 그만큼 유서 깊은 문화유산들이 가득하기 때문이다.

한큐철도 아라시야마역에서 내리면 500미터쯤 떨어진 호린지[法輪寺]를 먼저 찾아가자. 헤이안 시대 이전에 세워진 절이라지만 특별한 역사가 깃든 곳은 아니다. 다만 이곳의 전망대에 서면 잔잔한 호즈

아라시야마로 들어가는 다리, 도게쓰교

강 너머 아라시야마의 풍광을 한눈에 볼 수 있어 첫 목적지로 딱이다. 사찰 안에 지혜를 상징하는 허공장보살과 함께 에디슨을 '전기의 신', 헤르츠를 '전파의 신'으로 모신 것도 눈길을 끈다. 이건 나라에서 봤던 신불 습합의 또 다른 모습이다. 다만 사찰에 모신 신도의 신이 우리에게도 잘 알려진 서양인이라는 점이 특이할 뿐(신도의 신은 참 다양하기도 하다).

호린지를 나와 도게쓰쿄[渡月橋: 달이 건너는 다리]라는 낭만적인 이름의 다리를 건너면 아라시야마 유일의 유네스코 세계문화유산, 덴류

아라시야마 유일의 유네스코 세계문화유산 덴류지. 정원의 풍광이 특히 아름답다.

지[天龍寺]가 보인다. 덴류지를 창건한 이는 무로마치 막부를 연 아시카가 다카우지였다. 그는 1339년 파란만장한 일생을 마친 고다이고 덴노의 명복을 빌기 위해 덴류지를 세웠다. 가만, 이때는 아시카가와 고다이고가 북조와 남조로 나뉘어 대립하고 있던 시기 아닌가?

아무리 선의라지만 칼을 겨누었던 적의 수장을 위한 절을 세우다니, 이상한 일이 아닐 수 없다. 여기에는 두 가지 해석이 있다. 하나는 아사카가가 남북조 통합 차원에서 (그러니까 자신이 얼마나 통이 크며 훌륭한 사람인지 어필하려고) 덴류지를 세웠다는 것이고, 다른 하나는 고다이고 덴노의 다타리가 두려워 사찰을 만들었다는 것이다(아마도 살아생전에 못 할 짓을 꽤 한 듯).

　이유가 무엇이든, 아사카가는 고다이고 덴노를 위한 사찰을 만들기로 결정했고 실행에 옮겼다. 고다이고 덴노가 어린 시절을 보낸 아라시야마의 황실 별궁을 개조해 그의 영혼을 모신 덴류지를 세운 것이다. 창건 당시에는 150채가 넘는 건물이 들어서 어마어마한 규모를 자랑했으나 거듭된 화재로 대부분 불타버리고 지금은 당시의 10분의 1 규모로 메이지 시대에 복원된 건물만 남아 있다.

　그럼에도 덴류지를 유네스코 세계문화유산으로 만든 것은 옛 모습을 그대로 간직한 정원*이다. 길쭉한 연못을 빙 둘러가며 갖가지 수목이 아름다운 풍경을 연출하는 정원은 일본 최초의 '사적·특별 명승

* 일본의 전통 정원 양식

자연을 축소하거나 상징적으로 재현하는 일본의 전통 정원 양식은 크게 지센카이유시키[池泉回遊式], 가레산스이[枯山水], 로지[露地]의 세 가지로 구분된다. 지센카이유시키는 이름처럼 연못을 중심으로 빙 돌면서 수목을 배치한 정원이다. 금각사와 덴류지의 정원이 대표적이다. 가레산스이는 은각사와 료안지 정원처럼 돌과 모래만으로 표현하는 방식. 로지는 다실로 이어지는 정원으로, 징검다리와 석등이 특징이다. 료칸이나 호텔에서 흔히 볼 수 있는 정원이 바로 로지 양식이다.

지'이기도 하다.

덴류지 정원은 아라시야마를 상징하는 대나무 숲(지쿠린竹林)으로 연결된다. 아름드리 대나무 숲길이 200미터쯤 호젓하게 이어지는 모습은 마치 영화 속 한 장면 같다(한국인 관광객도 많아 '죽림오솔길'이라는 한글 표지판도 있다). 너무도 유명한 관광지라 늘 사람들로 붐비니 되도록 이른 시간에 찾는 것이 좋다(여름에는 모기약 필수).

대나무 숲길 끝자락은 노노미야 신사다. 헤이안 시대 국풍 문화를 대표하는 소설 〈겐지모노가타리〉에도 등장할 만큼 유서 깊은 장소인데, 원래 이곳은 헤이안 시대에 사이구[齋宮: 덴노를 대리하는 무녀]로 뽑힌 미혼의 황녀가 머물던 곳이란다. 여기서 3년 동안 몸과 마음을 깨끗이 한 후에 황실 신사인 이세 신궁으로 가서 덴노를 대신해 신을 모셨다고. 14세기 사이구 제도가 중단되면서 신사로 바뀌어 오늘에 이르고 있다.

투박한 나무를 그대로 사용한 아담한 도리이를 지나면 소원을 이루어준다는 거북바위와 샘물, 사당 등이 나타난다. 재미난 것은 이곳이 '결혼을 부르는 부적'으로 유명하다는 사실. 평생 미혼으로 살아야 했던 사이구를 생각하면 좀 아이러니하게 느껴지지만, 이 또한 일본 신사의 탁월한 마케팅 능력으로 보인다.

그런데 정작 노노미야 신사는 인연을 맺어주는 것으로 유명한 오쿠니누시가 아니라 태양신 아마테라스를 모셨다. 아마도 이세 신궁과의 인연 때문에 신사로 바뀌면서 그곳의 신을 모셔온 듯하다(일본

아라시야마를 상징하는 대나무 숲

헤이안 시대에 사이구가 머물던 노노미야 신사

의 신사는 이렇게 같은 신을 모시는 경우가 많다). 그럼 여기서 잠깐, 일본 신도의 최고신이자 덴노와 인연이 깊은 아마테라스 신화를 살펴보기로 하자.

"천지가 개벽한 직후, 창조신 이자나기는 태양의 여신인 아마테라스와 땅의 남신인 스사노오 남매를 낳고는 하늘을 딸에게, 땅은 아들에게 맡겼다. 훗날 아마테라스는 손자인 니니기에게 곡옥, 거울, 검의 세 가지 보물(3종 신기)을 주며 땅으로 보냈다. 다카치호 산으로 내려간 니니기는 땅을 다스렸는데, 그 증손자인 진무 덴노가 야마토 왕조

일본의 건국 신화를 묘사한 연작 중 〈바위 문에서의 음악과 무용 기원〉,
1889년 (슌사이 도시마사春斎年昌 작품)

를 열었다. 이후 그 자손들이 대대손손 일본을 다스리고 있다.”

이거, 어디서 많이 들어본 이야기 같다. 맞다, 우리의 단군신화. 환인의 아들 환웅이 세 가지 신표(천부인)를 가지고 태백산에 내려와 신시를 열었는데, 그 아들인 단군 왕검이 고조선을 세우고 대대로 나라를 다스렸다, 는 이야기와 꼭 닮았다. 혹시 우리의 단군신화가 일본에 전해진 것은 아닐까? 사실 이런 천손강림 신화(하늘의 자손이 땅으로 내려와 나라를 세운 이야기)는 일본과 우리뿐 아니라 동북아시아 유목민들 사이에 흔한 스토리다.

아무튼 태양신 아마테라스와 덴노를 연결한 것은 ‘덴노’라는 명칭을 처음 쓰기 시작한 덴무 덴노였다. 그가 《고사기》와 《일본서기》의 편찬을 명하면서 신도의 여러 신 중 하나였던 아마테라스를 최고신으로 높이며 덴노의 조상으로 엮었던 것이다(태양을 뜻하는 일본이라는 국호와 일장기도 여기서 파생되었다).

태양신 아마테라스를 모신 신사 중 이세 신궁이 가장 크고 유명하다. 대대로 덴노에게 전해진다는 (실물을 본 사람은 거의 없는) 3종 신기도 이세 신궁에 보관되어 있다고 알려져 있다. 2,000여 년의 역사와 엄청난 규모를 자랑하는 이세 신궁은 교토에서 100킬로미터쯤 떨어진 미에현 이세시에 있다. 매년 10월에는 노노미야 신사에서 이세 신궁으로 출발하는 사이구 행렬이 재현된다. 물론 지금은 이세 신궁까지 가는 대신 아라시야마 선착장에서 몸을 씻는 의식으로 마무리된다.

노노미야 신사에서 나와 철길을 지나면 석탑이 가득한 아다시노넨부쓰지, 이끼정원이 아름다운 기오지, 대대로 법황이 주지를 역임했다는 황실 사찰 다이카쿠지 등이 나온다. 여기까지 둘러보느라 뻐근해진 다리는 란덴 아라시야마역의 족욕탕에서 풀어주면 좋다.

4장
도쿄

일본 역사 1번지,
일본 정치 1번지

도쿄역, 고쿄, 야스쿠니 신사, 에도-도쿄박물관, 렌가테이, 우에노 공원, 도쿄국립박물관, 도쿄 대학

교토가 헤이안 시대 이후 천 년의 고도라면, 도쿄는 에도 시대 이후 400년의 수도다. 변변한 성 하나 없는 촌동네였던 에도[江戶]가 역사의 전면에 등장한 것은 센고쿠 시대 말기, 도쿠가와 이에야스의 영지가 되면서부터였다. 마침내 쇼군이 된 이에야스가 에도성을 더욱 키우고 참근교대로 전국의 다이묘들이 모여 살게 되면서 18세기 에도는 인구 100만 명의 대도시가 되었다.

막부 말기의 혼란기에는 인구가 전성기의 절반 이하로 줄기도 했지만, 메이지 유신 이후 덴노가 자리를 잡으면서 도쿄로 이름을 바꾸고는 명실상부한 일본의 수도로 다시 태어났다. 지금도 덴노가 살고 있는 고쿄부터 돈가스가 태어난 렌가테이까지, 일본의 400년 중심도시 도쿄를 구석구석 살펴보자.

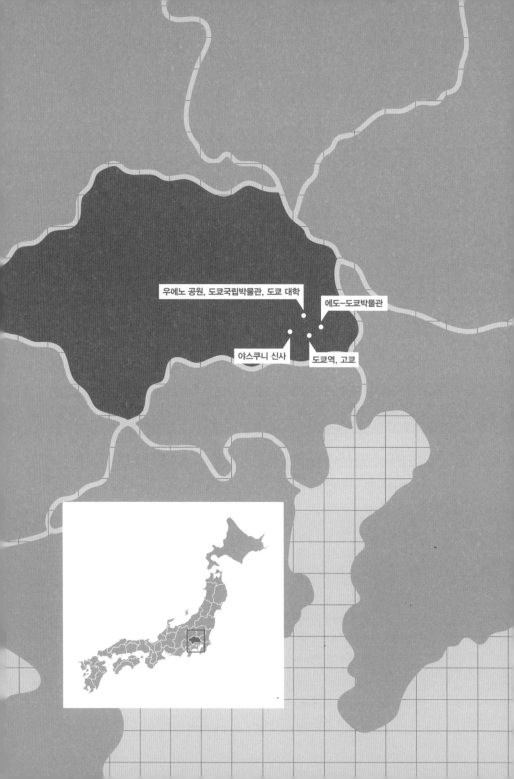

우에노 공원, 도쿄국립박물관, 도쿄 대학

에도-도쿄박물관

야스쿠니 신사

도쿄역, 고쿄

도쿄 여행의 시작, 대륙 침략의 출발점

도쿄역

서울에 궁궐이 있다면 도쿄에는 고쿄[皇居][*]가 있다. 이름 그대로 덴노 [天皇]가 거주居住하는 곳이다. 원래는 도쿠가와 막부의 쇼군이 머물던 에도성이었는데, 메이지 유신 이후 덴노가 차지하면서 이름도 바뀌었다. 지금은 메이지 덴노의 고손자이자 '처벌받지 않은 전범'인 쇼와 덴노의 손자, 나루히토 덴노가 살고 있다.

메이지 덴노 이전에는 수백 년 동안 에도 막부의 쇼군이 살면서 일본을 다스린 곳이었으니, 가히 '일본 역사 1번지'라고 부를 만하다. 현재 고쿄 주변에는 국회의사당과 총리 공관, 정부 청사 등이 몰려 '일본 정치 1번지'를 이루고 있다.

고쿄로 가는 길은 어렵지 않다. 교통의 중심인 도쿄역에서 걸어서 역사적으로 덴노의 궁전을 부르는 말은 여러 가지였다. 다이리, 오우치, 오우치야마, 고코노에, 고쇼, 고쿠, 고쿄 등등. 이 중 고쇼는 가마쿠라 시대 이후 에도 시대 말기까지 덴노가 머물렀던 교토의 궁전을, 고쿄는 메이지 유신 이후 지금까지 덴노가 머물고 있는 도쿄의 궁전을 가리킨다. 고쿄 안에 있는 덴노 부부의 처소 또한 '고쇼'라고 하는데, 이와 구분하기 위해 교토에 있는 고쇼는 '교토 고쇼'라 부른다.

10분이면 닿는다. 도쿄역까지 왔다면 100여 년의 역사歷史를 자랑하는 역사驛舍부터 잠깐 살펴볼까. 붉은 벽돌에 둥근 돔 지붕을 한 고풍스런 외관이 어디서 본 듯하다. 맞다, 일제강점기에 지어진 옛 서울역. 1914년에 세운 도쿄역은 일본 근대 건축의 대가 다쓰노 긴코가 설계를 맡았고, 1925년에 지은 옛 서울역(당시에는 경성역)은 그의 제자인 쓰카모토 야스시가 설계에 참여했다니, 둘이 닮은 것도 무리는 아니다(실제로 도쿄역은 네덜란드의 암스테르담 중앙역, 서울역은 스위스의 루체른역을 모델로 삼았다고 한다. 그러니까 비슷하면서도 살짝 다르다는 말씀).

그런데 당시 우리나라에는 도쿄역을 닮은 역이 하나 더 있었다. 다쓰노 긴코가 직접 설계한 또 하나의 역사, 지금은 사라진 옛 부산역이다. 1910년 완공된 부산역은 일본 입장에서는 '대륙의 관문'이었다. 그래서 일본 정부는 당대 최고의 건축가를 투입해 경성역뿐 아니

일제강점기에 지어진 옛 서울역. 지금은 복합문화공간으로 사용된다.

일제 입장에서는 '대륙의 관문'이었던 옛 부산역(1951년). 1953년 부산 대화재로 전소되었다.

도쿄뿐 아니라 일본 교통의 중심지 도쿄역

2부 일본 역사여행

라 도쿄역보다도 먼저 부산역을 지었다. 부산역에 '대륙 진출(이라 쓰고 침략이라 읽는다)의 꿈'을 담은 것이다. 이는 세계를 향한 시위이자("이제 우리도 어엿한 제국주의 국가다!"), 대륙을 향한 선전포고이기도 했다("이제부터 부산역을 통해 쳐들어간닷!").

당시 도쿄역과 경성역은 시모노세키[下關]와 부산釜山을 잇는 관부關釜 연락선으로 연결되었다. 그 무렵 기차 시간표에 따르면 도쿄역에서 경성역까지 이동 시간은 연락선 포함 약 47시간. 기차표에는 '부산-경성' 노선이 하행, '경성-부산'이 상행으로 표시되었다. 제국의 수도인 도쿄로 가는 길이 상행, 그 반대는 하행이었던 것이다. 경성역에 도착한 기차는 다시 만주로, 중국으로 나아갔다. 16세기 도요토미 히데요시가 가고 싶어했던 길이자 20세기 일본제국주의가 군인들을 실어 나른 길. 일제가 식민지 조선에 건설한 철도는 그대로 대륙 침략의 길이었다. 그리고 그 출발점에 도쿄역이 있었다.

2012년 리모델링을 마친 도쿄역은 멋진 갤러리와 화려한 쇼핑몰, 소문난 맛집과 카페가 모인 관광 명소가 되었다. 기왕 찾은 도쿄역이니 잠시 관광객 모드로 즐겨보자. 여기서 배를 든든히 채워두는 것도 좋겠다. 지금부터 둘러볼 고쿄는 어마어마한 넓이를 자랑하니 말이다.

쇼군에서 덴노로,
에도성에서 고쿄로

고쿄①

도쿄역에서 고쿄로 오니 역사의 타임머신을 수백 년 뒤로 돌린 것처럼 사뭇 다른 풍경이 펼쳐진다. 기다란 성벽 위로 옛 성의 망루가 높고, 아래로는 적을 막던 해자가 여전히 넓다. 무엇보다 눈길을 끄는 것은 보는 이를 압도하는 놀라운 규모다. 고쿄의 넓이는 115만 제곱미터로, 현존하는 전 세계 궁전 중에서 가장 크다(자금성보다 1.5배 이상, 경복궁보다 3배 가까이 넓다). 일본 방문이 처음인 사람이라면 여기서 약간의 문화충격과 함께 이런 의문이 들지도 모르겠다(25년 전쯤 나도 그랬다). "아니, 잠깐! 일본은 (작은) 섬나라 아니었나? 옛날부터 작아서 '왜(倭)'라고 불린 것이고…"

일본이 섬나라인 것은 맞다. 하지만 작지는 않다. 일본의 국토 면적

은 남한의 네 배, 남북한을 합친 것보다 두 배 가까이 넓다. 그리고 일본이 작아서 '왜'라 불린 것인지는 확실치 않다. 우선 일본을 가리키는 왜倭(나라이름 왜)와 작다는 뜻의 왜矮(키 작을 왜)는 한자가 다르다. 옛날 일본 사람들이 꽤나 작았던 것은 사실이지만(조선 시대에는 조선인이 일본인보다 10센티미터쯤 평균 신장이 더 컸던 것으로 알려져 있다), 이 때문에 왜倭라고 불렀다는 확실한 근거는 없다. 다만 7세기에 공식 국호를 왜에서 일본으로 바꿀 무렵부터 倭가 부정적인 의미를 갖게 되었고(왜구가 대표적이다), 일본에서는 倭 대신 일본어 발음이 같은 和를 쓰기 시작했다(둘 다 훈독하면 '야마토やまと', 음독하면 '와わ'라고 읽는다). 요즘도 일본인들은 스스로를 가리킬 때 일본의 일日보다 와[和]를 주로 쓴다. 그래서 일본소는 와규[和牛], 일식은 와쇼쿠[和食]다. 이런, 이야기가 잠시 옆길로 샜다. 다시 고쿄로 돌아가자.

센고쿠 시대까지도 '듣보잡' 촌동네였던 에도에 '세계 최대의 궁성'이 들어선 것은 에도 막부가 이곳에 자리를 잡으면서부터다. 오랜 기다림 끝에 마침내 정권을 잡은 도쿠가와 이에야스는 에도에 '천하를 다스리는 성'을 쌓기로 하고 전국의 다이묘들을 동원했다(덕분에 다이묘의 돈을 쓰게 하고 힘을 빼놓을 수 있었으니, 그야말로 꿩 먹고 알 먹는 전략이 아닐 수 없다!). 산을 통째로 뭉개고 바다를 메우는 등 기초공사부터 어마어마했던 에도성은 이에야스의 손자가 쇼군이 된 후에야 완공되었다.

사방으로 성을 둘러싼 해자만 6킬로미터 남짓, 작은 도시 하나를 건설한 셈이다(해자를 따라 난 길은 21세기 도쿄 사람들의 인기 조깅 코스이기도

빌딩 숲과 이웃한 고쿄

하다). 성 안에는 쇼군의 거처와 정무 기관들이 빼곡히 들어섰고, 성 밖에는 무사와 상인(조닌)들이 사는 조카마치[城下町]와 참근교대로 에 도에 들어온 다이묘들의 거주 지역이 자리 잡았다.

이렇게 완성된 에도는 18세기 초에 이르면 인구 100만 명이 넘는 세계 최대의 도시로 성장했다. 19세기 초반 130만 명까지 늘어났던 에도의 인구는 막부 말기의 혼란과 함께 참근교대가 유명무실해지면

에도 시대 에도성의 해자를 묘사한 우키요에(우타가와 히로시게歌川広重 작품)

서 줄어들기 시작했다. 메이지 유신으로 에도성의 주인이 쇼군에서 덴노로 바뀐 뒤에는 절반으로까지 줄었다. 권력을 잃은 쇼군과 가신들뿐 아니라 이들에 기대어 살던 상인과 공인들까지 에도를 떠났기 때문이다. 하지만 메이지 정부가 근대화에 성공하면서 도쿄는 에도 시절이 부럽지 않은 대도시로 거듭날 수 있었다.

도쿄 대공습과
덴노 암살 미수 사건

고쿄②

현재 고쿄는 크게 4구역으로 나뉘어 있다. 덴노와 가족들이 거주하는
고쿄(이 구역도 고쿄, 나머지 세 구역을 포함한 전체를 묶은 이름도 고쿄다), 황실
정원인 고쿄가이엔과 고쿄히가시교엔, 그리고 에도성의 북쪽 구역이
었던 기타노마루 공원 등이다. 이 중 덴노의 처소인 고쇼[御所]가 있는
고쿄는 미리 가이드 투어를 신청하거나 덴노의 생일 같은 특별한 날
에만 둘러볼 수 있고 나머지 구역은 자유 관람이 가능하다.

　도쿄역에서 출발하면 먼저 나오는 고쿄가이엔은 자유 관람인 데
다 24시간 무료 개방이니 부담 없이 들어가주자. 마치 분재처럼 아기
자기하게 가꿔놓은 곰솔 숲을 지나 조금 더 안쪽으로 들어가면 또 하
나의 해자 위로 메가네바시[眼鏡橋: 안경교]가 보인다. 물에 비친 모습이

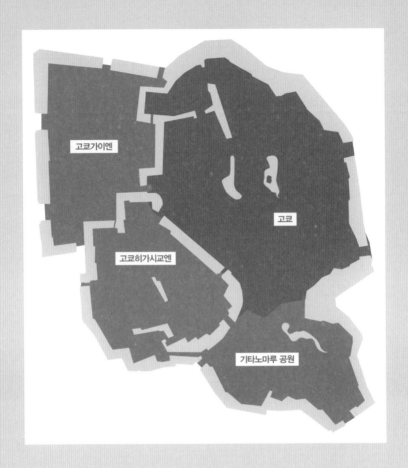

고쿄의 4구역

물에 비친 모양이 안경을 닮은 메가네바시

안경을 닮은 다리 뒤로 옛 성의 망루가 멀리 보이는 장면은 고쿄 소
개 엽서의 단골 이미지다. 덕분에 고쿄를 방문한 사람들은 대부분 이
곳에서 기념촬영을 한다.

　조금만 더 걸어가면 고쿄의 남문인 사쿠라다몬이다. 단조로운 모
양이 별로 특별할 것 없어 보이는 사쿠라다몬은, 하지만 두 가지 점
에서 특별하다. 첫째, 1636년 세워진 사쿠라다몬은 고쿄에서 몇 안

되는 옛 건물 중 하나다. 그럼 나머지 건물은? 대부분 도쿄 대공습 때 파괴되어 이후에 복원된 것이다(심지어 덴노가 사는 고쇼를 비롯한 상당수 건물은 현대식으로 지어졌다).

도쿄 대공습이라. 어디선가 한두 번쯤 들어봤을 이 역사적 사건을 이번 기회에 확실히 정리하고 넘어가자. 도쿄 대공습이란 태평양전쟁 말기 미국이 공중폭격으로 도쿄의 3분의 1을 깡그리 뭉개버린 사건이다. 이 과정에서 고쿄뿐 아니라 민간 가옥 수십만 채가 불에 탔고 약 10만 명이 목숨을 잃었다(여기에는 재일조선인 1만 명가량도 포함된다).

놀라운 것은 이 모든 일이 1945년 3월 10일 단 하루, 그것도 단 몇 시간 동안 벌어졌다는 사실이다. 사이판에서 날아온 미국의 B-29 폭격기 279대는 도쿄의 하늘을 낮게 날면서 수십만 발의 네이팜탄을 내리꽂았다(훗날 베트남전에서 악명을 떨치게 되는 바로 그 네이팜탄이다). 글자 그대로 '융단폭격'이었다.

포탄은 땅에 떨어지면서 3,000℃ 이상의 고열로 주변의 모든 것을 불태웠다. 건물 대부분이 목재로 지어진 탓에 도쿄는 순식간에 불지옥으로 변했고, 고쿄를 비롯해 도쿄에 남아 있던 에도 시대의 건물과 거리도 대부분 사라져버렸다. 그 결과 도쿄는 에도 시대의 중심지였음에도 그 시대의 흔적을 거의 찾아볼 수 없게 되었다(대신 도쿄 인근의 가와고에가 '작은 에도'라는 이름으로 관광객을 맞고 있다).

미국의 폭격기들이 군사시설이 아닌 민간 지역을 폭격한 것은 일본의 항복을 받아내기 위해서였다. 하지만 일본 군부는 도쿄 대공습

도쿄 대공습에서도 살아남은 사쿠라다몬

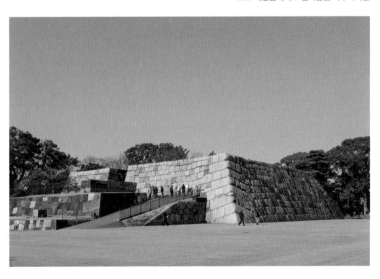

고쿄히가시교엔의 천수각 터

에도 결사 항전을 다짐했고, 마침내 인류 역사상 최초의 원자폭탄 공격을 받고 나서야 무조건 항복을 결정했다.

　사쿠라다몬이 특별한 또 하나의 이유는 이 근처에서 덴노인 히로히토 암살 미수 사건이 벌어졌기 때문이다. 사건의 주인공은 이봉창 의사. 그는 1932년 1월 8일 외부 행사를 마치고 고쿄로 돌아가는 덴노의 마차를 향해 수류탄을 던졌다. 하지만 덴노는 가까운 다른 마차에 타고 있었고, 수류탄의 폭발력마저 미미해 손가락 하나 다치지 않았다.

　그러나 이 사건의 폭발력은 결코 미미하지 않았다. 살아 있는 신으로 추앙받는 덴노를 식민지 조선의 청년이 죽이려 했다는 사실 자체가 일본 사회에 큰 충격을 주었다(일본의 신문들은 그날 오후 일제히 호외를 발행해 이 사건을 알렸다). 반면, 당시 일제의 탄압으로 꺼져가던 한국의 독립운동에는 큰 활력을 주었다. 이봉창의 의거는 같은 해 4월 윤봉길의 홍커우 공원 의거로 이어졌다. 이번에는 폭탄이 제대로 터졌고, 육군대장 등 최고위급 군사 지휘관들을 잃은 일제는 큰 타격을 입었다.

　곰솔 숲을 지나 메가네바시에서 사쿠라다몬까지, 고쿄가이엔을 얼추 돌아보았다면 이번엔 또 다른 황실 정원인 고쿄히가시교엔을 둘러볼 차례다. 에도 시대에 도쿠가와 막부의 행정청이 있었던 고쿄히가시교엔은 때때로 덴노가 직접 나들이를 나올 만큼 고쿄를 대표하는 아름다운 정원이다. 그렇다면 덴노의 얼굴을 직접 볼 수도 있다는 이야기? 하지만 그럴 일은 없다. 이때는 일반인의 출입이 통제된다니까.

기타노마루 공원 안에 자리 잡은 일본무도관

고쿄히가시교엔은 고쿄의 또 다른 자유 관람 구역인 기타노마루 공원으로 이어진다. 푸른 잔디와 울창한 숲에 둘러싸인 공원 안에는 도쿄국립근대미술관MOMAT과 과학기술관, 일본무도관 등 전시와 공연 시설이 자리 잡았다. 그리고 기타노마루 공원에서 길 건너 한 블록쯤 떨어진 곳에 우리 귀에도 익은 야스쿠니 신사가 있다.

'전범 국가'
일본의 속마음

야스쿠니 신사

해마다 8.15 광복절 무렵이면 '야스쿠니 신사'라는 이름이 우리 언론
에 어김없이 등장한다. "일본 총리가 야스쿠니 신사에 참배해서 우리
와 중국 등 주변 국가들이 반발했다."라는 식으로. 일본 총리가 자국
종교인 신도의 신사에 참배하는 것이 왜 문제일까? 이유는 간단하다.
야스쿠니 신사에는 제2차 세계대전의 A급 전범 14명이 '신'으로 모
셔져 있기 때문이다(A급 전범에 관해서는 61쪽 참고). 독일의 총리가 히틀
러의 묘지, 아니 히틀러를 신으로 모신 사당에 참배를 한다고 상상해
보라. 아마도 영국이나 프랑스 같은 주변국들은 단순한 '반발'을 넘어
서 실질적인 '행동'을 취하지 않을까?

　야스쿠니 신사에 참배하는 것은 침략 전쟁을 일으킨 주역들을 기

A급 전범 14명이 '신'으로 모셔진 야스쿠니 신사

린다는 뜻이고, 침략 전쟁을 반성하기는커녕 기회만 생기면 다시 한 번 침략 전쟁을 일으키겠다는 의지를 표현하는 것이라 볼 수 있다. 한마디로, 여전히 살아 있는 '일본 군국주의 세력의 속마음'이라고 할까. 유럽의 네오나치들처럼 일본의 '일부' 군국주의자들만 야스쿠니에 참배를 한다면 혀를 쯧쯧 차면서 넘어가줄 수도 있지만 일본의 총리나 정치인들이 그런 행동을 하는 것은 도저히 묵과할 수 없는 일이

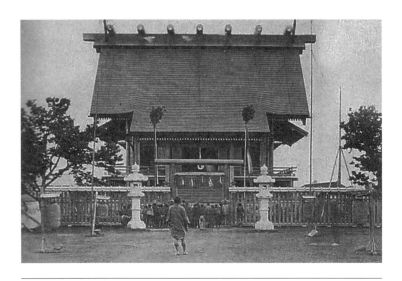

야스쿠니 신사의 전신, 도쿄 쇼콘샤(1873년).
1879년 메이지 덴노로부터 '야스쿠니[靖國정국: 나라를 편하게 한다]'라는 이름을 받았다.

다. 이런 행동을 하면서 아무리 입으로 침략 전쟁을 반성해봐야 진정
성을 단 1퍼센트도 느낄 수 없는 것이 당연하다(하긴, 일본 정치인의 입에
서는 반성보다 망언이 훨씬 더 많이 나온다).

　그런데 일본의 수만 개 신사 중에서 왜 하필이면 야스쿠니 신사에
전범들을 '모신' 것일까? 여기에도 이유가 있다. 1869년 문을 연 야스
쿠니 신사는 처음부터 '덴노를 위해 죽은 군인들을 신으로 모시기 위
해' 지은 것이기 때문이다. 메이지 유신 과정에서 벌어진 막부와의 전
쟁 중 죽은 병사들이 1차 대상이었다. 이들을 신으로 모시고 덴노가
'친히' 참배를 했다. 덴노를 위해 죽기만 하면 신이 되어 영원히 살 수

야스쿠니 신사의 축제에 참가 중인 일본 군인들(1915년)

있다니, 이건 마치 이슬람 전사들이 지하드(성전)에서 죽으면 천국으로 간다는 이야기와 비슷하다.

야스쿠니 신사는 메이지 유신 이후 태어난 국가신도(천황교)의 성지였다. 이후 청일전쟁과 러일전쟁, 중일전쟁을 거쳐 태평양전쟁까지, 텐노의 이름으로 벌어진 전쟁의 전사자들은 야스쿠니 신사에서 신이되었다. 전쟁 말기 자살특공대로 내몰린 일본의 젊은이들은 "야스쿠니에서 만나자."라는 마지막 인사를 나누었단다. 이렇게 야스쿠니 신사에 모셔진 '신'들이 246만여 명이다.

문제는 이들 중 A급 전범이 포함되어 있다는 사실만이 아니다. 전

'일본 근대 군대의 아버지'로 불리는 오무라 마스지로 동상

쟁 중 사망한 조선인 2만여 명 또한 자신이나 유족들의 의사와는 아무 상관없이 무단으로(!) 야스쿠니 신사에 모셔져 있다. 징병이나 징용으로 끌려가 죽은 것도 억울한데 그 뒤에도 전범들과 함께 있다니, 만약 그분들의 영혼이 있다면 땅을 칠 노릇이다.

뒤늦게 이를 안 유족들이 항의했으나 야스쿠니 신사 측은 "그들이 죽을 때는 일본인이었다."라며 합사를 정당화했다. 그런데 야스쿠니 신사에 있는 일본인 전사자들은 일본 정부로부터 보상금을 받았는데, 조선인은 국적이 다르다며 한 푼도 받지 못했다. 생각할수록 괘씸한 일이 한두 가지가 아니다.

이렇듯 문제가 많은 곳이니 굳이 가볼 필요가 없는 것일까? 그렇지 않다. 야스쿠니 신사만큼 생생한 역사의 교훈을 보여주는 곳도 드물다. 여전히 살아 숨 쉬는 다크투어리즘(어두운 역사를 보여주는 여행지)의 교과서랄까.

도쿄 한복판의 금싸라기 땅에 자리 잡은 널찍한 신사는 언뜻 평화롭기만 하다. 메이지 텐노가 내렸다는 표석 뒤로 25미터 높이의 거대한 도리이가 보인다. 경내로 들어서면 제일 먼저 보이는 동상의 주인공은 일본 육군의 창시자인 오무라 마스지로. 동상을 지나 이어지는 석등 아래에는 일본이 일으킨 여러 전쟁을 묘사한 부조가 자리 잡았다. 거대한 신문神門을 지나면 신을 참배하는 배전이다. 그 뒤로는 A급 전범을 포함해 246만의 전사자를 신으로 모신 본전이 있다(실제로 있는 것은 그들의 이름을 적은 '영새부'다).

일본 최초이자 유일한 군사 박물관인 유슈칸 건물(위)과 전시물들(아래)

배전의 오른쪽, 일본과 서양의 양식을 절충한 하얀 건물은 일본 최초이자 지금까지 유일한 군사 박물관인 유슈칸[遊就館]이다. 전시관에는 제2차 세계대전 당시 일본군이 사용한 무기들이 '당당하게' 자리 잡고 있다. 이 무기로 자신들이 일으킨 전쟁을 '자랑스럽게' 설명하고 있다. 당시 중학생들의 전쟁 응원 문구를 담은 일장기, 가미카제 특공대들의 충성 맹세, 승리의 장면을 묘사한 그림들. 여기야말로 일본 극우의 속마음을 그대로 보여주는 곳이다(실제로 야스쿠니 신사 앞은 일본 극우들의 단골 시위 장소이기도 하다). A급 전범과 함께 유슈칸을 품은 야스쿠니 신사가 건재한 한, 총리를 비롯한 관료들이 이곳을 찾는 한, 일본은 '반성 없는 전범 국가'일 뿐이다.

에도에서 도쿄로 이어지는
시간여행

에도-도쿄박물관

야스쿠니 신사에서 무거워진 기분을 전환하려면 전철 타고 30분, '에도-도쿄박물관'으로 발걸음을 옮기자. 우리로 치면 '서울역사박물관'에 해당하는 곳으로, 간토 대지진과 도쿄 대공습 탓에 사라져버린 에도 시대 도쿄의 모습을 살펴볼 수 있다. 1993년 문을 연 에도-도쿄박물관은 62미터 높이에 도쿄돔 두 배 크기의 거대한 규모를 자랑한다. 자동차 변신 로봇(?)을 닮은 독특한 외관도 인상적이다.

표를 구입하고 기다란 에스컬레이터에 오르면 6층의 상설전시관 입구에 도착한다. 관람객을 먼저 맞는 것은 에도 시대 도쿄의 관문이었던 니혼바시[日本橋]. 폭 8미터, 길이 51미터의 목조다리는 그 시절 모습 그대로, 길이만 절반으로 줄여서 복원되었다.

도쿄돔 두 배 크기를 자랑하는 에도-도쿄박물관

길이만 절반으로 줄여 그 시절 모습 그대로 복원된 니혼바시

에도 막부를 세운 도쿠가와 이에야스는 니혼바시를 기점으로 전국 주요 지역을 연결하는 고카이도[五街道: 다섯 개의 주요 도로]를 건설했다. 이 길을 따라 지방 다이묘의 참근교대 행렬이 지나고 각종 물자들이 유통되었다. 고카이도에는 막부가 관리하는 역참(슈쿠바)이 세워져 귀족과 무사들뿐 아니라 일반 여행자들을 위한 숙박 시설도 갖추었다. 덕분에 에도 시대에는 신사 순례 등 서민들의 여행이 폭발적으로 늘어났다(료칸이 발달하고 일본 최초의 여행 가이드북이 등장한 것도 에도 시대였다).

또한 니혼바시 일대는 물류의 중심으로 대형 창고들이 즐비한 상업 중심지가 되었다. 옛날 목조다리는 20세기 초반 화강암 다리로 바뀌었지만 니혼바시 일대는 여전히 상업과 금융의 중심지로 일본 최초의 백화점과 쇼핑센터, 은행 등이 자리 잡고 있다.

에도-도쿄박물관에 복원된 '원조' 니혼바시를 건너면 각종 자료와 실물 모형으로 생생하게 재현된 에도 시대가 펼쳐진다. 우선 눈에 띄는 것은 에도성과 당시 거리 모형이다. 높은 혼마루와 건물들이 빼곡히 들어선 에도성은 현재의 고쿄와 사뭇 다른 모습이다. 니혼바시와 에도의 거리를 재현한 모형에는 망원경이 설치되어 사람들의 표정이나 옷차림 같은 디테일까지 살펴볼 수 있다. 화려한 쇼군의 저택과 갑옷, 무기들도 눈길을 끈다.

5층으로 내려가면 에도존과 도쿄존으로 전시 공간이 나뉜다. 실물 크기로 복원한 가부키 극장을 중심에 둔 에도존에는 옛날 무사의 집과 유곽, 소방 시설 등이 있다. 목조건물이 빽빽하게 어어진 에도는

실물 크기로 복원한 에도존의 가부키 극장

바닷바람 또한 거세 큰불이 잦았다. 오죽하면 "불과 싸움은 에도의 꽃"이라는 속담이 생겼을까. 17세기 중반 3일 밤낮으로 계속된 '메이 레키 대화재' 때는 에도 시가지의 절반 이상이 잿더미가 되었다고 한 다. 그래서 도시 곳곳에 불을 끄는 소방 시설을 설치해놓았다.

　하지만 이렇게 거듭된 화재에도 불구하고 에도의 발전은 계속되었 다. 아니, 오히려 화재로 인해 새로운 건설이 이루어지면서 경제는 활 력을 띠고 도시는 발전했다. 에도존의 중심에 있는 가부키 극장은 18 세기 인구 100만 명의 대도시 에도의 활기를 보여준다. 극장 안에는

옛 에도 거리를 모형으로 재현해놓았다.

그 시대 배우 복장을 한 마네킹들이 있는데, 가끔은 이곳에서 진짜 가부키 공연을 하기도 한다.

극장 주변에는 스시집이나 우키요에* 상점, 튀김이나 국수 같은 길거리음식을 팔던 이동식 포장마차도 보인다. 극장에서 가부키를 보고 나와 길거리음식으로 배를 채우고 우키요에 상점에서 인기 배우의 초상화를 사는 것. 요즘과 비교해도 부럽지 않은 당시 서민들의 문화생활이었다.

가부키 극장 반대편의 서양식 석조 건물은 실물 크기로 복원한 20

* 고흐가 사랑한 우키요에

우키요에[浮世繪]란 에도 시대에 유행한 목판화를 가리킨다. 화려한 색으로 스모 선수나 가부키 배우 같은 '스타 브로셔'뿐 아니라 후지 산과 바다 등을 묘사한 풍경화도 대량으로 제작해 팔았다. 이렇게 일본에서 유행하던 우키요에는 유럽으로 건너가 고흐와 모네 같은 인상파 화가들에게 영향을 주었다. 당시 일본에서 유럽으로 수출하는 도자기를 우키요에 파지로 포장했는데, 이걸 본 유럽의 화가들이 따라 그렸던 것이다. 고흐의 대표작 중 하나인 〈탕기 영감의 초상〉에는 우키요에가 배경으로 쓰였다.

우키요에를 배경으로 한 〈탕기 영감의 초상〉

도쿄존은 20세기 초반에 세운 신문사 사옥에서부터 시작된다.

세기 초반의 신문사 사옥이다. 여기서부터 시작되는 도쿄존에는 메이지 유신 이후 '제국의 수도'로 거듭난 도쿄의 거리가 펼쳐진다. 메이지 정부의 영빈관인 로쿠메이칸, 돔 지붕이 멋진 러시아정교 성당인 니콜라이당 등 유명 건물과 주택의 모형이 보이는데, 신문사 건물 앞에 있는 자전거나 인력거를 타면 더욱 실감나게 근대도시 도쿄를 둘러볼 수 있다.

이렇게 새로운 근대도시로 태어난 도쿄는 대지진과 대공습을 거치면서 잿더미가 되었으나 한국전쟁을 계기로 빠르게 재건되었다. 1964년 도쿄 올림픽 개막 직전에 개통된 세계 최초의 고속철도 신칸센은 일본의 경제가 완전히 회복되었음을 전 세계에 알렸다. 1960년대의 서민 가정을 재현한 집에는 흑백TV와 냉장고, 세탁기가 자리 잡았다. 이 세 가지 가전제품은 고도성장기 일본을 상징하는 물건들로, '덴노의 세 가지 보물'에 빗대 '신3종 신기'라 불렸다.

17세기 에도에서 시작한 에도-도쿄박물관의 시간여행은 20세기 도쿄로 끝을 맺는다. 21세기 도쿄는 이런 역사를 거쳐 지금의 모습이 된 것이다.

메이지 유신과
돈가스의 탄생

렌가테이

도쿄역에서 시작해 고쿄를 거쳐 에도-도쿄박물관까지 봤다면, 이제
는 뱃가죽이 등가죽과 만날(?) 것만 같은 시간. 《미슐랭가이드》의 별
을 받은 레스토랑만 수백 곳인 도쿄에는 맛집이 차고 넘치지만, 일본
의 역사까지 함께 맛보기엔 이만한 곳이 흔치 않다. 일본에서 태어난
'돈가스とんカツ'의 원조로 한국에서도 유명한 렌가테이. 1895년 도쿄
를 대표하는 번화가인 긴자에 처음 문을 연 뒤 4대를 이어가며 그 시
절 그 맛을 지켜온 '경양식집'이다.

돈가스가 서양의 '포크커틀릿'(얇게 저민 돼지고기에 빵가루를 묻혀 튀긴 요
리)을 일본식으로 변형한 음식이라는 것은 많은 이가 알고 있는 사실
이다. 하지만 그 과정에 메이지 유신 이후 일본의 근대화를 위한 노

돈가스가 태어난 도쿄의 노포, 렌가테이

력이 오롯이 담겨 있다는 사실까지 아는 이는 그리 많지 않다.

　우선, 일본인이 돼지고기를 먹기 시작한 것 자체가 메이지 유신의 결과였다. 7세기 강력한 권력을 휘둘렀던 덴무 덴노가 '육식 금지령'을 선포한 이래 약 1,200년 동안 일본인들은 육고기를 먹지 않았다 (대신 고래와 생선 같은 바닷고기와 각종 해산물을 즐겼다). 여기에는 아스카 시대에 활짝 꽃을 피운 불교의 영향에 더해 농사에 필요한 가축을 보호한다는 현실적인 이유도 있었다. 개항과 함께 서양의 문물이 들어왔으나 일본인에게 소와 돼지 같은 육고기는 여전히 '부정 타는' 음식이었다. 당시 일본 소설에 쇠고기를 먹고 소귀신이 된 캐릭터가 등장

100년 전 그대로의 포크가쓰레쓰

할 정도였다.

이런 상황에서 메이지 덴노는 1,200년 넘은 육식 금지령을 공식적으로 철폐했다. 그러고는 스스로 고기를 먹으며 이를 적극적으로 백성들에게 권했다. '탈아입구'(일본은 아시아를 벗어나 유럽의 일원이 되어야 한다는 주장)를 역설했던 후쿠자와 유키치 같은 근대사상가들도 육식을 찬양했다. 이들에게 육식이란 단순히 식생활의 변화를 넘어 서양식 근대화를 이루기 위한 필수조건이었다. 일본인보다 머리 하나쯤 더 큰 서양인을 따라잡기 위해서는 그들처럼 고기와 우유를 먹어야 했다. 그래야 근대화가 완성될 수 있으니까.

사실은 고기보다 된장국과 밥을 더 좋아했다는 메이지 덴노는 오로지 육식을 권장하기 위해 신하들을 불러놓고 고기 파티를 열었다. 덕분에 일본의 학자들은 메이지 유신을 '요리 유신'이라 부르기도 한다.

아무리 '인간신' 덴노의 명령이라지만 천 년 넘게 유지한 식습관을 하루아침에 바꾸기란 쉽지 않았다. 흰 천으로 몸을 휘감은 자객들이 "땅이 더러워지고 신령이 쫓겨나는 육식을 막기 위해" 덴노의 처소로 난입하는 사건이 벌어지기도 했다. 그래도 육식을 향한 메이지 정부의 노력은 계속되었고, 결국 일본인도 나름의 방법으로 고기를 먹기 시작했다.

먼저 맛을 들인 것은 쇠고기였다. 옛날부터 두부와 해물 등을 끓여 먹던 냄비(나베) 속에 쇠고기를 집어넣어보았더니 아주 그럴듯한 요리가 되었다. 규나베[牛なべ], 즉 '쇠고기 전골'이 탄생하는 순간이었다. 규나베로 쇠고기를 먹게 되었으니, 이제는 돼지고기 차례다. 이건 어찌 먹을까, 고민하던 일본인들은 이번에는 냄비 대신 끓는 기름에 풍덩, 담가버렸다. 쇠고기를 전골로 요리했다면 돼지고기는 덴푸라てんぷら(바삭한 일본식 튀김)로 튀긴 것이다.

기름을 두른 프라이팬에서 지져내던 포크커틀릿을 덴푸라처럼 기름에 푹 담그니 두꺼운 고기도 익힐 수 있게 되었다. 튀김옷에 굵은

빵가루를 쓰니 바삭한 식감이 더해졌다. 여기에 채 썬 양배추를 곁들여 느끼함을 없애고 취향에 따라 빵이나 밥을 함께 먹었다. 이렇게 서양의 포크커틀릿을 나름의 방식으로 바꾼 뒤에 '포크가쓰레쓰'라는 이름으로 팔기 시작한 곳이 바로 렌가테이다. "가쓰레쓰カツレツ'는 '커틀릿'을 일본식으로 발음한 것. 이후에 돈[豚: 돼지]이 붙으면서 '레쓰'가 떨어져나가 '돈가스'가 되었다.

포크가쓰레쓰가 돈가스로 바뀌면서 두 가지 변화가 더 일어났다. 고기튀김을 미리 썰어서 냄으로써 포크와 나이프 대신 젓가락으로 집어 먹도록 만들고, 밥과 함께 된장국도 내놓았다. 요즘 우리가 먹는 '일본식 돈가스'가 드디어 완성된 것이다. 이건 렌가테이에서 포크가쓰레쓰를 팔기 시작하고도 30여 년이 지난 뒤, 도쿄 우에노의 '폰치켄'이라는 식당에서 처음 만들었다고 한다. 아쉽게도 이 식당은 오래전에 없어져서 사람들은 '원조 돈가스'를 먹기 위해 렌가테이를 찾는다.

하지만 렌가테이에서는 여전히 돈가스가 아니라 포크가쓰레쓰를 팔고 있다(메뉴판에도 그렇게 적혀 있다). 100년이 훌쩍 넘도록 그 시절 음식을 그대로 이어오고 있는 것이다. 렌가테이는 돈가스뿐 아니라 오므라이스의 원조집이라고도 알려져 있다(2023년에 한국의 윤석열 대통령과 일본 기시다 총리가 이곳에서 '오므라이스 만찬 회동'을 갖기도 했다).

포크가쓰레쓰를 주문하면 지금도 두툼한 돼지고기튀김과 푸짐한 양배추 채가 함께 나온다. 여기다 밥 혹은 빵을 따로 주문할 수 있다.

나이프로 고기를 자르니 풍부한 육즙이 흘러나온다. 볼이 불룩해지도록 큰 조각을 입에 넣고 씹으니 부드러운 고기가 입에서 살살 녹는 듯. 여기에 우스터소스를 뿌린 양배추와 밥을 한입 먹으니 입안이 깔끔해진다.

이렇듯 서양의 것이 일본화된 요리는 규나베와 돈가스만이 아니다. 인도의 커리를 밥에 얹어 먹기 시작한 것도(카레라이스), 서양식 빵에 단팥을 넣은 것도(단팥빵), 프랑스의 크로켓을 밥반찬으로 변형시킨 것도(고로케) 일본이 처음이었다. 이렇듯 일본의 근대화는 서양의 것을 가져와 일본식으로 변형하는 방식으로 이루어졌다. 일본인들은 이를 '화혼양재和魂洋才'(일본의 정신에 서양의 기술을 더한다)라고 불렀다. 이는 중국의 '중체서용中體西用', 조선의 '동도서기東道西器'의 일본식 버전이었다.

'벚꽃 명소'에 숨은
피의 역사

우에노 공원

'원조 포크가쓰레쓰'로 배를 든든히 채웠다면 소화도 시킬 겸 슬 슬 산책을 나서볼까? 예쁜 꽃까지 볼 수 있으면 금상첨화다. 우에노 공원은 자타가 공인하는 '도쿄 벚꽃 1번지'. 널찍한 공원에 들어선 1,000여 그루 벚나무가 꽃을 피우는 봄이면 우에노 공원은 그야말로 사람의 산과 바다를 이룬다. '명당'에서 꽃놀이를 즐기기 위해 며칠 동안이나 자리를 펴고 지키는 모습을 흔히 볼 수 있을 정도. 하지만 불과 150년 전만 해도 우에노 공원 일대는 꽃 대신 피가 낭자한 전쟁 터였다. 막부 최후의 저항이었던 보신 전쟁의 '우에노 전투'가 바로 이곳에서 벌어졌던 것이다.

보신[戊辰] 전쟁은 무진년(1868년)에 일어난 도쿠가와 막부와 메이지

1880년경의 우에노 공원을 묘사한 우키요에(고바야시 기요치카小林淸親 작품)

신정부 사이의 내전이다. 온건파였던 마지막 쇼군 도쿠가와 요시노부는 '대정봉환'으로 권력을 덴노에게 넘겼음에도 '쇼군의 지위와 영지 박탈'이 돌아오자 결국 참지 못하고 전쟁을 선포했다. 하지만 교토로 진입하려던 막부군이 신정부군에 연패하면서 요시노부는 에도성으로 후퇴했다. 신정부군은 에도 총공격을 예고하면서 막부 측과 협상을 벌여 요시노부의 항복을 받아내고 에도성에 무혈입성했다. 이로써 1603년에 시작된 에도 막부는 263년 만에 문을 닫고 말았다.

막부는 무너졌지만 메이지 신정부군에 저항하는 세력은 여전히 남아 있었다. 쇼군의 경호를 맡았던 무사집단 '창의대彰義隊'(쇼기타이しょ

봄이면 천 여 그루의 벚나무가 꽃을 피우는 우에노 공원은 피로 물든 전쟁터 위에 세워졌다.

うぎたい)가 대표적이다. 그들은 당시 우에노 지역에 있던 도쿠가와 가문의 사찰 간에이지에서 저항을 이어갔다. 신정부군은 반대 세력에 본보기를 보여줄 요량으로 간에이지에 대규모 공격을 감행했다.

이렇게 벌어진 우에노 전투에서 수백 명의 창의대 무사들이 죽고 간에이지는 불에 타버렸다. 폐허가 된 절터는 푸른 잔디와 숲으로 다시 태어나 일본 최초의 근대 공원 중 하나인 우에노 공원이 된 것이다(1873년).

공원 입구에 들어서면 보신 전쟁의 주역이자 '유신 3걸'* 중 하나인

---

* '유신 3걸'과 세이난 전쟁

센고쿠 시대에 3영웅이 있었다면 메이지 시대에는 '유신 3걸'이 있었다. 사쓰마번 출신의 사이고 다카모리와 오쿠보 도시미치, 조슈번 출신의 기도 다카요시가 그들이다. 이들은 사쓰마번과 조슈번 사이의 '삿초 동맹'을 주도한 후 힘을 합쳐 막부 타도에 앞장섰다. 하지만 보신 전쟁으로 막부 타도에 성공한 뒤 이른바 '정한론征韓論'을 둘러싸고 갈등이 생겨났다.

메이지 유신 과정에서 몰락한 무사들의 불만을 조선과의 전쟁으로 해소해야 한다는 사이고의 주장에 다른 두 사람이 아직은 때가 아니라며 반대했기 때문이다. 이들의 갈등은 결국 세이난[西南] 전쟁으로 이어졌다.

전쟁 중 기도는 병으로 죽고, 전쟁에서 패배한 사이고는 자살하고, 최후의 승자였던 오쿠보마저 암살당하면서 유신 3걸은 모두 역사 속으로 사라졌다. 참고로, 그들이 끌어내린 마지막 쇼군 도쿠가와 요시노부는 자전거를 타고 사진을 찍는 등 77세까지 건강하게 살며 천수를 누렸다.

유신 3걸 중 한 명이자 보신 전쟁의 주역인 사이고 다카모리 동상

국립서양미술관에서는 교과서에서 보았던 거장들의 작품을 직접 확인할 수 있다.

사이고 다카모리의 동상이 관람객들을 맞이한다. 거대한(?) 머리 아래 떡 벌어진 어깨가 언뜻 스모 선수를 닮았다. 그 옆에 있는 자그마한 개는 애완견이 아니라 사냥개란다. 메이지 유신을 이끌었던 사쓰마번 출신의 하급무사였던 사이고는 신정부군의 참모로 직접 에도성에 들어가 막부의 항복을 받아냈다. 우에노 전투에서는 군대를 이끌고 창의대를 궤멸시키는 공을 세웠다.

그의 동상 뒤에 세워진 '창의대 전사자비'는 이때 목숨을 잃은 창의대 무사들의 합장무덤이다. 이들의 죽음 뒤에도 친막부 성향인 지방 번들을 토벌하느라 전쟁은 1년을 더 끌었다. 마침내 보신 전쟁이 메이지 신정부 측의 승리로 끝나면서 막부와 지방 다이묘들이 주도했던 봉건적 질서가 해체되고 덴노 중심의 근대적 국민국가가 수립될 수 있었다.

사이고 다카모리 동상을 지나면 축구장 87개 넓이의 우에노 공원이 본격적으로 펼쳐진다. 여기에는 일본 최초의 동물원뿐 아니라 국립서양미술관과 국립과학박물관, 도쿄국립박물관 등 볼거리가 한가득이다.

1882년 문을 연 우에노 동물원에는 이곳의 마스코트인 자이언트 판다를 보기 위해 지금도 사람들이 몰려든다. '일본 속의 작은 유럽'으로 불리는 국립서양미술관에서는 로댕의 〈생각하는 사람〉, 모네의 〈수련〉을 비롯해 마네, 르누아르, 피카소 등 교과서에서 보았던 거장들의 작품을 직접 눈으로 확인할 수 있다. 자연의 역사에 관심이 있다면 초대형 티라노사우루스를 필두로 수만 점의 화석과 자료를 보유한 국립과학박물관을 놓칠 수 없다. 하지만 뭐니 뭐니 해도 도쿄 역사기행의 백미는 약 12만 점의 소장품을 자랑하는 도쿄국립박물관이다.

'실물'로 확인하는
일본의 역사

도쿄국립박물관

좋은 박물관은 '살아 있는 역사 교과서'다. 때로는 역사책 100권을 읽어도 몰랐던 것을 박물관에 한 번 가보고 깨달을 수도 있다. 일반적으로 수도에 있는 국립박물관은 전국에서 가장 훌륭할 뿐 아니라 그 나라의 역사를 시대별로 일목요연하게 볼 수 있어서 더욱 좋다. 서울 용산의 국립중앙박물관이나 도쿄 우에노 공원의 도쿄국립박물관이 그렇다. 그런데 도쿄국립박물관은 우리의 국립중앙박물관과 달리 독립된 전시관만 다섯 동이라 무턱대고 갔다가는 뒤죽박죽 헤매다 다리만 아프기 십상이다.

가장 먼저 봐야 할 곳은 박물관의 중심인 본관(일본갤러리)이다. 1882년에 처음 세웠으나 간토 대지진으로 무너져 1938년 다시 지었

본관인 '일본갤러리'에서는 일본 역사의 흐름을 살필 수 있다.

일본의 역사와 문화를 눈으로 확인할 수 있는 도쿄국립박물관 본관

2부 일본 역사여행

다는 본관은 건물 자체가 중요문화재다. 대리석 벽에 일본식 기와지붕을 얹은 스타일이 '절충적 르네상스 양식'이라 불린단다.

본관으로 들어왔다면 먼저 2층으로 올라가자. 일본의 대표 문화재들을 시대별로 전시하고 있는 본관 2층이야말로 도쿄국립박물관의 핵심이기 때문이다. 첫 전시실의 타이틀은 '일본 미술의 새벽'. 세계 최초의 토기로 알려진 조몬 토기, 신기한 모양의 토우들과 함께 한반도의 문화가 들어온 야요이 시대의 토기 등이 전시되어 있다. 조몬 시대와 야요이 시대의 토기는 딱 보는 순간 누구나 구별할 수 있을 만큼 확연히 다르다. 이는 '도래인의 등장'이 아니고서는 도저히 설명할 수 없으니, 이렇듯 역사책에서 읽은 사실을 유물로 확인하는 재미 또한 박물관의 즐거움이다.

도쿄국립박물관에서 확인할 수 있는 조몬 토기의 특징 중 하나는 저마다 화려한 모양을 자랑한다는 점이다. 심지어 불꽃 모양으로 타오르는 듯한 조몬 토기도 보인다. 이런 토기는 일상에서 음식을 담거나 조리를 하기 위해서가 아니라, 신에게 제사를 지내는 의례용으로 만든 것이다. 다양한 모양을 한 토우도 마찬가지다. 물론 모든 조몬 토기가 의례용이었던 것은 아니다. 식량 저장이나 조리를 위한 토기도 있었다. 토기가 처음 만들어진 것은 이러한 실용적인 목적 때문이었고, 의례용 토기는 이후에 생겨난 것으로 보인다. 사실 신석기시대 토기의 발명은 지역마다 조금씩 다른 이유로 이루어졌다. 일찍부터 농경이 시작된 서아시아에서는 식량과 종자 보존을 위해, 중국 양쯔

강 유역에서는 도토리 같은 견과류를 조리하기 위해, 아메리카 서남부에서는 채집한 식량을 저장하기 위해 토기를 만들었다. 일본처럼 농사와 상관없이 토기가 만들어진 경우도 많았던 것이다(한반도의 경우도 그랬다).

'불교의 융성'실에서는 아스카와 나라 시대의 불교 미술품들을, '궁정미술'실에서는 헤이안 시대의 국풍 문화를 대표하는 〈겐지모노가타리〉를 묘사한 두루마리 그림 등을 볼 수 있다. 이어지는 전시실에는 가마쿠라 시대에 들어온 선종 불교와 수묵화, 무로마치 시대에 시작된 다도 관련 작품들, 지배층을 이루었던 무사의 의복뿐 아니라 에도 시대 상인들의 화려한 생활용품까지, 각 시대를 대표하는 유물들이 전시되어 있다.

모두 10개의 전시실로 나뉜 본관 2층만 보는 데에도 적지 않은 시간이 걸린다. 그러니 시간이 넉넉지 않다면 다른 전시관들까지 수박 겉핥기로 훑어보는 것보다 본관 2층을 집중적으로 보는 것을 추천한다. 여기만 제대로 보아도 일본 역사의 생생한 흐름과 함께 일본 문화의 원형들을 알 수 있기 때문이다. 여유가 있다면 여기에 조각, 도자기, 금속공예, 도검 등을 장르별로 묶어놓은 본관 1층을 둘러보고, 그래도 시간이 남는다면 본관만큼이나 넓은 규모를 자랑하는 동양관(아시아갤러리)도 살펴보자.

아시아 각 문화권의 유물을 전시하는 동양관에서 눈에 띄는 유물은 중국 도자기와 간다라 불상, 우리나라 문화재 등이다. 이 중에는

한반도를 비롯해 아시아의 각종 불상과 문화재를 살펴볼 수 있는 동양관

국립중앙박물관에서 본 듯한 청동기와 삼국시대 금동 장신구, 고려와 조선의 도자기들도 있다. 이것들 중 절반 이상은 일제강점기의 사업가 오쿠라 다케노스케가 기증한 '오쿠라컬렉션'이다.

청일전쟁 때 무기상으로 시작해 전기 사업으로 큰돈을 벌었던 오쿠라는 우리나라에서 문화재를 다량으로 수집해 일본 최초의 개인 미술관을 열기도 했다. 문제는 이것들 중 상당수가 도굴품의 밀거래 등 불법적인 방법으로 수집되었다는 것. 해방 후 우리 정부와 시민단체들은 지속적으로 불법 반출된 오쿠라컬렉션의 반환을 요구하고 있으나 일본 정부는 사유재산이라는 이유로 반환을 거부하고 있다.

박물관 구석에 자그마하게 자리 잡은 '호류지보물관'은 이름처럼 호류지에서 나온 보물들을 전시하는 곳이다. 이곳에 호류지보물관이 생긴 것은 나라의 고후쿠지에서 이야기했던 '폐불훼석'과 연관이 있다(177쪽 참고). 아스카 시대를 대표하는 호류지도 폐불훼석의 광풍을 피할 수 없었고, 이 과정에서 파괴된 절을 보수하기 위해 황실에 보물을 바치고 돈을 받았던 것이다.

황실의 재산이 된 호류지의 보물들은 패전 후 국고로 환수되어 도쿄국립박물관에 맡겨졌다. 이렇게 되자 호류지 측은 자신들이 보물을 헌납한 대상은 황실이지 국가가 아니라며 반환 소송을 냈다. 그 결과 일부는 돌려받았으나 보물 대부분은 여전히 이곳에 남아 전시되고 있다.

본관과 동양관, 호류지보물관까지 봤다면 도쿄국립박물관의 상설

호류지의 보물들을 전시하고 있는 호류지보물관

전시관은 모두 둘러본 셈이다. 나머지 효케이관과 헤이세이관에서는 기획전이 주로 열린다. 길 건너에 자리 잡은 구로다기념관은 일본을 대표하는 근대 서양화가 구로다 세이키[黒田淸輝]의 작품을 전시하는 곳이다.

'다산왕 쇼군'과 '전공투' 이야기

도쿄 대학

우에노 공원에서 약 2킬로미터, 걸어가도 30분이면 닿는 거리에 도쿄 대학이 있다. 한 나라를 대표하는 대학을 둘러보는 것은 여러모로 흥미로운 경험이다. 오래된 건물마다 역사가 깃들어 있고, 고풍스런 캠퍼스는 산책하기 좋고, 학생식당에선 싸고 맛있는 음식을 먹을 수 있으니 말이다.

1877년 문을 연 일본 최초의 대학인 도쿄 대학도 그렇다. 1912년에 세운 대학 정문은 '등록유형문화재'이고, 그보다 더 유명한 아카몬[赤門]은 한 등급 더 높은 중요문화재다(덕분에 많은 이가 아카몬을 정문으로 착각하기도 한다). 이 붉은색 대문은 에도 막부의 11대 쇼군인 도쿠가와 이에나리의 둘째 딸이 유력한 다이묘였던 마에다 가문에 시집을

도쿄 대학을 상징하는 아카몬. 흥미로운 역사도 품고 있다.

가면서 기념으로 세운 것이다. 훗날 마에다의 저택 자리에 도쿄대가 들어서면서 아카몬은 도쿄대의 상징이 되었다. 지금도 도쿄대 입학을 원하는 많은 수험생이 이곳에서 합격을 기원하며 기념사진을 찍는단다.

아카몬과 관련이 있는 도쿠가와 이에나리는 '다산왕 쇼군'으로 유명하다. 그가 수십 명의 처첩을 통해 낳은 자녀는 무려 55명. 재위 기간 또한 50년(1787~1837년)으로 쇼군 중 최장기록을 세웠다. 조선의 왕 중 가장 오래 재위한 영조(52년)와 가장 자녀가 많았던 태종(29명)

을 합쳐놓은 셈이랄까. 그는 수백 명의 궁녀를 두는 등 사치스런 생활로 재정을 악화시켜 막부 말기의 혼란을 불러오기도 했다. 그 뒤를 이은 둘째 아들 이에요시는 사치를 금지하고 재정 지출을 줄이는 긴축정책을 펼쳤다. '덴포 개혁'이라 불리는 이런 조치는 오히려 경제활동의 위축을 가져왔고, 막부의 개혁은 결국 실패로 끝났다.

비슷한 시기에 막부와 비슷한 어려움을 겪던 몇몇 번도 자체적으로 개혁을 추진했다. 그중 '번정 개혁'에 성공한 사쓰마번(지금의 가고시마현)과 조슈번(지금의 야마구치현), 도사번(지금의 고치현) 등은 막강한 경제력과 군사력을 갖춘 '웅번雄藩'으로 성장하게 되었다. 이후 웅번들은 메이지 유신을 추진하며 막부 타도에 앞장섰는데, 그 중심에는 '삿초 동맹'을 결성했던 사쓰마번과 조슈번이 있었다. 우에노 공원에서 이야기한 '유신 3걸'이 모두 사쓰마와 조슈 출신인 것은 이런 까닭이다.

아카몬에서 가까운 종합도서관은 책을 꽂아놓은 듯한 건물 외관이 인상적이다. 1892년 지은 첫 도서관이 간토 대지진으로 붕괴된 후, 미국 록펠러재단의 기부금으로 지금의 건물을 짓게 되었단다(물론 당시는 미국과 전쟁을 시작하기 십 수년 전이었다). 아시아에서 노벨상 수상자를 가장 많이 배출한 대학의 도서관답게 책으로 가득 찬 열람실은 학구열로 뜨겁다.

하지만 도쿄대 학생들도 우리의 1980년대 대학생들처럼 펜 대신 쇠파이프와 짱돌을 들고 데모에 열중하던 때가 있었다. 1960년 '미일

외국 기업의 기부금으로 지어졌지만, 아시아에서 가장 많은 노벨상 수상자를 배출한 대학의 도서관이다.

안보조약 개정 반대 투쟁'(안보 투쟁)*으로 본격화된 일본의 학생운동
은 1969년 '야스다 강당 사건'으로 절정에 이르렀다.

　사건의 시작은 1968년 1월 도쿄대 의학부 학생들의 '등록의 반대
무기한 동맹 휴업'이었다. 대학 측에서 기존의 인턴 제도를 대신해 등
록의 제도를 실시하려고 하자 학생들이 반발한 것이다. 여기까지는
흔히 볼 수 있는 학내 갈등이었다. 그런데 학교와 팽팽하게 맞서던

학생들이 졸업식이 열리는 야스다 강당을 점거하면서 일이 커졌다. 대학의 요청을 받은 경찰이 의학부 학생들을 강제 해산시키자 다른 학부 학생들까지 참여하는 '도쿄 대학 전공투'가 결성되어 다시 야스다 강당을 점거했다. 전공투(전학공투회의)는 1968년 니혼 대학에서 처음 결성된 매우 급진적이고 폭력적인 학생운동 조직이었다. 학내 문제를 넘어서 사회변혁 슬로건을 내걸었고, 쇠파이프와 화염병으로 무장한 채 경찰과 '전투'를 벌였다.

전공투의 야스다 강당 점거는 해를 넘겨 계속되었고, 결국 1969년 1월 18일 경찰기동대 8,500여 명이 투입되어 370여 명의 학생들을 체포하면서 사건은 일단락되었다. 하지만 이 여파로 도쿄 대학은 그

도쿄 대학을 구경하는 김에 학생식당에서 저렴한 가격에 맛있는 음식을 즐겨보자.

해 신입생을 뽑지 못했고, 주춤했던 전공투는 다른 대학으로 퍼져나가면서 학생운동은 더욱 과격해졌다. 이들 중 일부는 공산주의 혁명과 무장투쟁을 주장하며 '적군파'가 되었다. 적군파는 여객기를 납치하는 등 과격한 투쟁을 벌이다 내부 갈등으로 서로를 죽이면서 쇠퇴했고, 이에 놀란 시민들이 학생운동 전반을 위험시하면서 전공투 활동도 사그라들었다.

야스다 강당 입구에는 화염병 등으로 불에 그을린 당시 '전투'의 흔적이 지금도 남아 있다. 다만 지금 야스다 강당은 혁명과 투쟁을 외

전공투와 경찰의 전투 흔적이 아직도 남아 있는 야스다 강당

치는 전공투 대신 지하의 중앙식당에서 밥을 먹으러 오는 학생들로 붐빈다. 다양한 메뉴 중에는 '아카몬 라멘'같이 이곳에서만 맛볼 수 있는 것도 있다. 학생식당답게 대부분의 메뉴가 저렴한 가격에 양도 푸짐하다. 원하는 것을 골라 담은 후 한꺼번에 계산하는 방식이라 주문도 어렵지 않다.

아카몬으로 들어와 종합도서관을 둘러보고 야스다 강당에서 밥을 먹었다면 도쿄 대학 핵심 코스는 얼추 마친 셈이다. 도쿄역에서 시작해 고교와 야스쿠니 신사, 우에노 공원으로 이어지는 도쿄 역사기행도 도쿄 대학이 마지막이다.

다음으로는 도쿄를 둘러싸고 있는 간토 지방의 대표 명소들을 둘러보기로 하자.

도쿄의 벚꽃 명소, 우에노 공원

5장
요코하마·가마쿠라·
하코네·닛코

역사가 만든
간토의 관광 명소

야마테, 고토쿠인과 쓰루가오카하치만구,
하코네세키쇼와 하코네 구가도,
도쇼구와 린노지 다이유인

도쿄를 찾은 여행자들이 도쿄만 보고 가는 건 아니다. 도쿄를 중심으로 한 간토 지방
에는 사람들의 발걸음을 잡아끄는 관광지가 여럿 있다. 이들이 관광 명소로 떠오른 배
경에는 빼어난 자연환경과 함께 켜켜이 쌓인 역사가 있다.

근대 개항장 중 하나로 '일본 속의 작은 유럽'이라 불리던 요코하마, 일본 최초의 막부
가 들어섰던 가마쿠라, 이름난 온천 휴양지이자 에도와 교토를 잇는 도카이도의 관문
이었던 하코네, 죽어서도 화려한 도쿠가와 이에야스의 영광을 볼 수 있는 닛코 등이
그렇다.

도쿄를 봤다면 역사가 만들어낸 주변의 관광 명소들도 둘러보도록 하자.

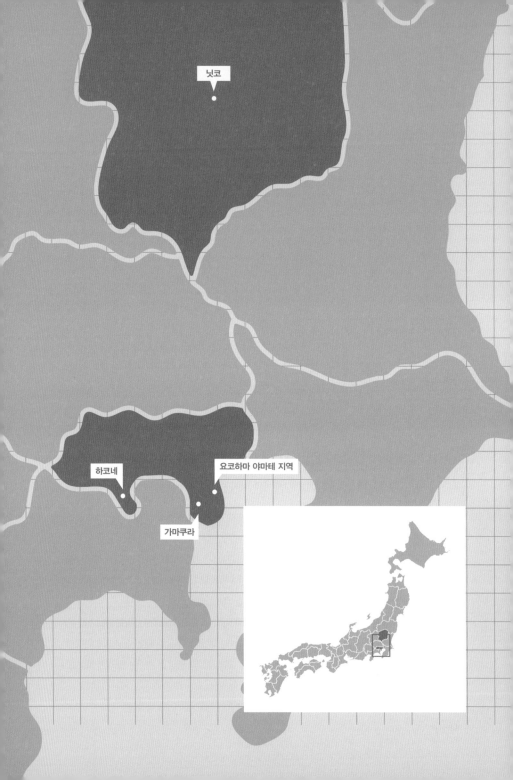

개항장 따라
일본 근대사 산책

요코하마 야마테 지역

요코하마는 여러모로 우리의 인천과 닮았다. 수도와 가까운 항구도 시라는 점, 강압적인 불평등조약을 통해 마지못해 문을 연 개항장이라는 점, 외국인 거주 지역인 '조계지'를 중심으로 발달했다는 점 등이 그렇다. 인천 역사기행의 중심이 청나라 조계지였던 차이나타운이라면, 요코하마의 핵심은 영국과 미국, 프랑스 등 서구 열강의 조계지였던 야마테 지역이다. 그리고 그 시작은 요코하마 항구가 한눈에 보이는 미나토노미에루오카 공원이 좋다.

지금은 입항 선박 수 일본 1위의 큰 항구지만, 미일 수호 통상조약에 따라 첫 개항지로 선택되었을 때만 해도 요코하마항은 인구 수백 명의 작은 어촌에 불과했다. 이름도 '요코하마촌村'이었다. 12세기 가

미나토노미에루오카 공원, 이름을 풀이하면 '항구가 보이는 언덕 공원'이다.

미나토노미에루오카 공원에서 바라보는 요코하마의 야경

마쿠라 막부의 대송 무역 거점이었던 무쓰우라 미나토(현재 요코하마시 가나자와구)와 에도 막부의 물류 중심지였던 가나가와 미나토(현재 요코하마시 가나가와구)가 몇 킬로미터 거리에 있었지만, 에도 막부는 일부러 한적한 어촌에 새로 항구를 만들어 개항했다. 가능한 외국인 거류지를 외딴 곳에 떨어뜨려놓고 싶어서였다. 미국 페리 제독*의 협박에 밀려 200여 년의 쇄국정책을 포기하고 나라 문을 열긴 했지만 서양 문물이 유입되는 것을 최대한 막고 싶었던 것이다.

하지만 일단 문을 열자 요코하마는 일본을 대표하는 무역항이 되었다. 야마테 지역에는 미국의 뒤를 이어 통상조약을 맺은 영국, 프랑스, 독일 등의 무역소와 영사관이 줄지어 들어섰다. 이와 함께 서양 상인들과 외교관들이 자리를 잡으면서 야마테는 '일본 속의 작은 유

* 미국이 일본의 문을 두드린 이유

1853년 미국 대통령의 친서를 받은 페리 제독이 흑선을 이끌고 와 일본에 개항을 요구했을 때, 에도 막부는 시간을 끌었다. 일단 철수했던 페리가 다음 해 더 많은 흑선을 끌고 오자, 막부는 미일 화친조약을 맺고 나라 문을 열었다. 당시 미국이 일본의 문을 두드린 것은 태평양 항로를 통해 중국으로 가기 위해 일본이라는 중간 기착지가 꼭 필요했기 때문이다. 이전에 러시아와 영국도 일본에 통상을 요구했지만 미국만큼 절실하지 않아서인지 막부가 시간을 끌자 흐지부지 넘어갔다.

일본에서는 드물게 십자가로 장식한 묘를 요코하마 외국인 묘지에서 볼 수 있다.

럽'이 되었다.

미나토노미에루오카 공원에서 200미터쯤 떨어진 '요코하마 외국인 묘지'는 일본에서는 보기 드물게 수백 개의 십자가가 나란히 늘어선 공원묘지다. 십자가 너머로 요코하마의 시가지가 보이는 풍경이 이채롭다. 페리 제독의 두 번째 방문 때 흑선에서 사고로 죽은 수병을 이곳에 묻은 것이 외국인 묘지의 시작이었다. 이후 20세기 중반까지 요코하마에서 사망한 40여 개 국의 외국인 4,800여 명이 이곳에 잠들어 있다.

이들 대부분은 요코하마의 조계지 야마테에서 부유하게 살았다.

요코하마의 조계지 야마테에 있는 저택 중 가장 크고 잘 보존된 베릭홀

요코하마 외국인 묘지에서 걸어서 5분 거리에 있는 '베릭홀'은 영국인 무역상 베릭의 저택이었다. 간토 대지진과 제2차 세계대전 당시의 공습으로 몇 남지 않은 당시 외국인 저택 중 가장 규모가 크고 보존 상태도 훌륭하다. 고급스럽게 꾸며진 수십 개의 방은 그 무렵 일본에 살았던 서양 부호들의 생활을 보여준다.

이처럼 무역이 늘면서 서양인들은 더 많은 돈을 벌었지만 대다수 일본인의 생활은 점점 더 어려워졌다. 일본의 금 가격이 국제 시세에 비해 세 배 이상 싸다는 것이 문제였다. 외국인들은 대량으로 은을 들여와 금과 바꾸어 갔고, 은화를 사용하던 일본 경제는 막대한 은의 유입으로 기록적인 인플레이션에 직면했다. 외국인들이 이렇게 번 돈으로 일본에서 쌀을 엄청나게 사들여 중국에 팔았기 때문에 쌀값은 더욱 폭등했다. 막부는 민심을 잃었고 서민들의 반란(잇키)이 줄을 이었다. 이는 결국 막부 타도와 메이지 유신으로 이어졌다.

이런 혼란의 와중에도 요코하마는 발전을 거듭했다. 1872년 요코하마와 도쿄를 잇는 일본 첫 철도가 건설되었고 1889년에는 요코하마항을 중심으로 요코하마시市가 태어났다. 도쿄 일대에 게이힌 공업지대가 형성되면서 요코하마는 공업항으로 성장했다. 하지만 1923년 간토 대지진으로 항구뿐 아니라 시내 전역이 큰 피해를 입었다.

요코하마 외국인 묘지에서 약 1킬로미터쯤 떨어진 야마시타 공원은 대지진 직후 피폐해진 경제를 되살리기 위해 건설되었다. 지진으로 파괴된 건물 잔해로 5년 동안 바다를 메워 거대한 공원을 만든 것

간토 대지진 이후 경제회복을 위해 건설된 야마시타 공원

1930년대의 야마시타 공원

일본 최대의 차이나타운, 요코하마의 주카가이를 상징하는 패루

이다. 지금도 구석구석 당시의 사연을 간직한 조형물들을 만날 수 있는 야마시타 공원은 요코하마를 대표하는 관광지이자 산책 코스로 유명하다. 이런 노력으로 간토 대지진의 피해를 겨우 회복한 요코하마는 제2차 세계대전 중의 공습으로 또다시 파괴되고 말았다.

야마시타 공원에서 1킬로미터쯤 떨어진 차이나타운도 마찬가지였다. 개항 이후 중국인 노동자들의 유입이 늘면서 생겨난 차이나타운(요코하마의 차이나타운을 주카가이[中華街]라 부른다)은 대지진과 잦은 공습으로 철저히 파괴되었으나 지금은 일본 최대의 차이나타운으로 다시 태어났다. 요코하마시 또한 차이나타운과 마찬가지로 지진과 공습을 딛고 다시 일어나, 현재 도쿄에 이어 일본 제2의 인구를 자랑하는 거대 도시가 되었다.

수호 신사
쇼군 암살 사건

가마쿠라 고토쿠인과 쓰루가오카하치만구

요코하마에서 쾌속열차를 타고 대략 25분이면 가마쿠라에 닿는다. 삼면이 산으로 둘러싸이고 앞으로는 바다가 보이는 천혜의 요새로, 일본 최초의 막부가 들어서기에 손색없는 지형이다(끝내주는 풍광은 덤이다). 겐페이 전쟁에서 승리한 미나모토노 요리토모가 가마쿠라 막부를 세운 이후 권력의 중심지가 되었으나 무로마치에 새로운 막부가 들어선 후로는 쇠퇴를 거듭했다. 막부의 권력을 보여주던 건축물들은 사라지고 오래된 절과 신사들만 남아 에도 시대에는 순례객들이 찾는 '종교 관광지'가 되었다가, 지금은 도쿄 인근의 '주말 관광지'로 자리 잡았다.

예나 지금이나 가마쿠라를 찾는 이들이 빼먹지 않는 곳은 가마쿠

가마쿠라의 상징, 고토쿠인의 청동 대불

라 시대에 창건된 고토쿠인[高德院]이다. 이유는 단 하나. 높이 11.3미
터, 무게 121톤에 이르는 '가마쿠라 대불'을 보기 위해서다. 1252년
에 세워진 거대한 청동 대불은 이름처럼 가마쿠라의 상징이지만 누
가, 왜 만들었는지는 미스터리로 남아 있단다. 다만 당시만 해도 쌩
쌩했던 가마쿠라 막부의 힘을 보여주는 듯, 지긋이 눈을 감은 거대한
얼굴이 자못 근엄하다(단돈 50엔만 내면 대불 안으로 들어가볼 수 있다).

가마쿠라 막부를 세운 미나모토 가문의 수호 신사로 건설된 쓰루가오카하치만구

또 하나의 '가마쿠라 필수 코스'인 쓰루가오카하치만구는 가마쿠라 막부를 연 미나모토 가문의 수호 신사다. 처음 신사를 세운 사람은 미나모토노 요리토모의 할아버지인 요리요시. 이후 요리토모가 겐페이 전쟁을 일으키면서 지금의 자리로 확장 이전했다.

신사의 정문인 도리이를 지나면 요리토모의 아내인 호조 마사코가 팠다는 두 개의 연못이 보인다. 마사코는 오른쪽의 겐지이케[源氏池]

미나모토 가문의 번성을 기원하며 판 연못, 겐지이케

에 3개의 섬을 두어 미나모토[源] 가문의 번성을 빌고, 왼쪽의 헤이케
이케[平氏池]에는 4개의 섬을 만들어 다이라[平] 가문의 멸망을 기원했
단다(일본어로 숫자 3과 번성을 뜻하는 産은 모두 발음이 '산さん'이고, 숫자 4와 죽음
을 뜻하는 死는 모두 발음이 '시し'다).

　하지만 정작 이곳에서 죽음을 맞이한 것은 요리토모의 차남이자
가마쿠라 막부의 3대 쇼군인 미나모토노 사네토모였다. 1219년 겨울
눈 쌓인 쓰루가오카하치만구를 찾은 사네토모는 조카이자 양자였던
구교[公暁]에게 암살당하고 만다. 조카는 왜 삼촌이자 양부였던 쇼군
을 암살한 것일까? 여기에는 요리토모 사후 벌어진 복잡한 권력투쟁

이 얽혀 있다.

미나모토노 요리토모에 이어 2대 쇼군에 오른 사람은 장남이었던 요리이에였다. 스물한 살의 젊은 쇼군은 아버지처럼 강력한 힘으로 군림하고자 했다. 하지만 요리토모를 따라 전쟁터에서 잔뼈가 굵은 고케닌[御家人: 가마쿠라 시대 쇼군과 주종관계를 맺은 무사]들이 가만있지 않았다. 그 선봉에는 외할아버지이자 유력 고케닌이었던 호조 도키마사가 있었다.

고케닌과 힘겨루기를 하던 요리이에가 쇼군에 오른 지 1년 만에 중병에 걸리자, 호조는 쿠데타를 일으켜 권력을 장악해버렸다. 그러고는 요리이에를 절에 유폐하고 그의 어린 동생 사네토모를 허수아비 쇼군으로 세웠다. 요리이에는 이듬해 호조 가문에서 보낸 자객에게 암살당했는데, 여기에 사네토모가 연루되었다고 생각한 구교가 훗날 아버지의 원수를 갚는다며 사네토모를 암살한 것이다. 쓰루가오카하치만구의 본당으로 오르는 계단 옆에는 암살 직전 구교가 숨어 있었다는 오래된 은행나무가 여전히 살아 있었으나 2010년 태풍으로 쓰러져 지금은 거대한 밑둥만 남아 있다.

아들이 없었던 사네토모의 후임 쇼군으로는 당시 두 살에 불과했던 후지와라노 요리쓰네가 선택되었다. 물론 선택의 주체는 호조 씨. 외척 세력이 쇼군의 가문마저 갈아치운 것이다. 후지와라 씨가 예로부터 명문가였다는 명분을 내세웠으나 이는 더욱 허약한 쇼군을 세우기 위한 평계였을 뿐, 결국 가마쿠라 막부가 멸망할 때까지 호조 씨는 권력을 놓지 않았다.* 쓰루가오카하치만구에서 걸어서 10분이면 닿는 미나모토노 요리토모의 무덤은 일본 최초의 쇼군 것이라고는 상상할 수 없을 정도로 소박하다. 크고 화려한 신사에서 시작한 미나모토 씨의 권력은 초라한 무덤으로 끝을 맺었다.

* 호조 씨 정권의 안정과 '비구니 쇼군'

쿠데타를 통해 정권을 장악한 이는 호조 도키마사지만 그 뒤를 이어 호조 씨 정권을 안정시킨 것은 그의 딸이자 미나모토노 요리토모의 아내였던 호조 마사코였다. 그녀는 아버지의 반대를 무릅쓰고 다이라 정권의 감시를 받던 요리토모와 결혼할 정도로 당찬 여성이었다(이를 위해 야반도주도 서슴지 않았다는 이야기가 전한다).

마사코는 미나모토노 요리토모 사후 출가해 비구니가 되었으나 아버지와 함께 정치에 깊숙이 관여했다. 장남 요리이에를 유폐하고 차남인 사네토모를 쇼군에 앉힌 것도 마사코였다. 그녀는 호조 도키마사가 사네토모를 폐할 음모를 꾸미자 오히려 아버지를 유폐하고 권력의 전면에 나섰다. 이후 사네토모가 암살당하자 후지와라 가문에서 두 살짜리 쇼군을 '선발'한 것도 마사코였다. 그녀는 어린 쇼군을 대신해 막부를 지배함으로써 '비구니 쇼군'이라는 별명을 얻었다. 비구니 쇼군의 강력한 통치 덕분에 호조 씨 정권은 대를 이어 안정적으로 유지될 수 있었다.

최초 쇼군의 것치고는 초라한 미나모토노 요리토모의 무덤

온천 마을에 흐르는
여행의 역사

하코네세키쇼와 하코네 구가도

도쿄에서 신칸센을 타고 한 시간이면 도착하는 하코네는 간토 지방을 대표하는 온천 휴양지다. 후지 산이 보이는 험준한 화산지대라 일찍부터 온천이 발달해, 8세기 나라 시대부터 온천 마을로 알려졌다. 센고쿠 시대 말기에는 인근의 오다와라성을 공격하던 도요토미 히데요시가 휘하 무사들을 하코네 온천에 머물게 하면서 전국적으로 유명해졌단다. 에도 시대에는 도쿄 니혼바시에서 시작하는 고카이도[五街道: 다섯 개의 주요 도로]* 중 가장 중요한 도카이도[東海道: 에도와 교토를 잇는 도로]의 주요 관문이 되면서 여행자들이 몰려들었다(덕분에 온천 마을은 더욱 번성했다).

* 에도와 지방을 잇는 다섯 갈래 길, 고카이도

고카이도는 수도인 에도와 지방을 연결하는 다섯 개의 주요 도로를 가리킨다. 1601년 도쿠가와 이에야스가 전국 지배를 위해 만들기 시작해, 그 아들인 제2대 쇼군 히데타다 때 완성되었다. 동해안을 따라 에도와 교토를 연결하는 도카이도, 내륙 중앙을 통과해 교토에 이르는 나카센도[中山道], 가이쿠니[甲斐国: 지금의 야마나시현]와 연결되는 고슈가도[甲州街道], 무쓰노쿠니[陸奥国: 지금의 후쿠시마현]와 연결되는 오슈가도[奥州街道], 도쿠가와 이에야스를 모신 신사인 닛코 도쇼구에 이르는 닛코가도[日光街道]가 그것이다.

에도 막부는 고카이도에 슈쿠바[宿場: 역참]와 함께 검문소를 겸한 세키쇼[関所: 관문]를 세웠다. 1619년 문을 연 하코네세키쇼는 도카이도의 4대 관문 중 하나로, 자체 감옥과 무기고까지 갖춘 시설이었다. 메이지 유신 이듬해 폐지되었다가 2007년에 옛 모습 그대로 복원되었는데, 멀리 후지 산이 보이는 그림 같은 아시 호숫가에 자리 잡아 하코네의 관광 명소로 손꼽힌다.

검은색 숫을대문이 사뭇 위압적인 입구의 이름은 교구치고몬[京口御門: 교토 방향 대문]. 안쪽으로 들어서면 좌우로 검문소와 무사 대기소 등이 이어지고, 반대쪽에는 에도구치고몬[江戸口御門: 에도 방향 대문]이 보인다. 건물 안에는 당시의 모습을 실물 크기 사람 인형으로 재현해 놓았는데, 나이 지긋한 여성 관리가 젊은 여성의 머릿속까지 꼼꼼히

하코네를 상징하는 아시 호수

하코네세키쇼의 에도 방향 대문인 에도구치고몬

여행자의 통행증을 검사하는 장면을 재현해놓았다.

2부 일본 역사여행

검사하는 장면이 눈길을 끈다. 여성 관리의 신중한 얼굴과 젊은 여성의 불쾌한 표정이 재미있다.

당시 관문의 주요 역할은 "들어오는 조총, 나가는 처녀[入り鉄砲に出女]"를 단속하는 일이었다. 반란에 쓰일지도 모르는 무기가 에도에 들어오는 것을 막고, 인질로 머무는 지방영주 가문의 여자가 에도 밖으로 나가는 것을 감시했다. 특히 하코네세키쇼는 들어오는 조총보다 나가는

나이 지긋한 여성 관리가 젊은 여성의 머릿속까지 꼼꼼히 검사하는 장면

여자에 대한 검문이 철저한 것으로 유명했단다.

하코네세키쇼에서 500미터쯤 떨어진 곳에는 도카이도 옛길의 일부가 남아 있다. '하코네 구가도[箱根旧街道]'라는 간판을 달고 있는 오솔길 양옆으로 아름드리 삼나무가 줄지어 서 있다. 이 나무들은 에도막부에서 여행자들에게 시원한 그늘을 제공하기 위해 심어놓은 것이다. 도대체 얼마나 많은 이가 여행길에 나섰기에 막부가 이들을 위해 가로수까지 심은 것일까?

17세기 후반 2년 동안 일본에 머물렀던 한 네덜란드 의사는 "이 나라의 가도에는 매일 믿을 수 없을 만큼의 사람들이 있어, 여행객이

하코네 구가도, 에도 막부에서 여행자들을 위해 심어놓은 삼나무가 여전히 줄지어 서 있다.

몰리는 계절에는 인구가 많은 유럽 도시의 시내와 비슷할 정도로 사람들이 길에 넘쳐난다."라는 기록을 남겼다. 유럽에서 여행이 대중화된 것은 19세기의 일이니, 일본의 여행객들을 본 네덜란드 의사가 믿을 수 없다고 한 것은 당연하다.

이처럼 에도 시대의 여행 문화가 발달한 것에는 참근교대와 함께 종교적인 영향도 있었다. 서양의 여행이 '예루살렘 순례'에서 시작한 것처럼, 일본의 여행은 '이세 신궁 참배'가 시작이었다. 고카이도 건설로 길이 좋아지자 일본인들이 이전부터 '평생소원 1순위'였던 '이세 신궁 참배'를 위해 길을 떠나기 시작한 것이다. 이는 에도 시대 초기만 해도 엄격히 제한되었던 쓰코테가타[通行手形: 여행허가증]도 손쉽게 발급받을 수 있게 만들었다. 신도의 총본산인 이세 신궁을 참배한다(도카이도에서 이어지는 간선도로를 이용한다)는 것은 여행의 좋은 명분이 되었기 때문이다.

이렇게 여행허가증을 손에 넣은 에도 시대 서민들은 고카이도를 따라 여행을 떠났다. 이들의 여행은 점차 종교적인 것보다는 먹고 노는 관광에 가까워졌다. 덕분에 길을 따라 돈이 돌고, 에도 시대 경제도 발전할 수 있었다. 오늘날 도쿄 사람들이 하코네의 온천 마을에 뿌리는 돈이 일본 경제를 활기차게 만드는 것처럼 말이다.

죽어서도 빛나는
도쿠가와 이에야스의 영광

닛코 도쇼구와 린노지 다이유인

요코하마와 가마쿠라, 하코네가 도쿄 남쪽의 관광지라면 도쿄 북쪽에는 닛코(도치기현)가 있다. 해발 600미터의 고원지대에 펼쳐진 광활한 닛코 국립공원은 격렬한 화산 활동의 산물인 기암괴석과 호수, 온천이 있어 사람들을 불러들인다. 여기에 유네스코 세계문화유산으로 등재된 사찰과 신사들이 더해지면서 닛코는 간토 북부를 대표하는 관광지가 되었다. 그중에서도 닛코를 상징하는 문화유산은 도쿠가와 이에야스를 모신 신사인 도쇼구다.

오사카 전투를 통해 도요토미 가문을 끝장낸 이에야스는 국정에서 손을 떼고 슨푸[駿府: 지금의 시즈오카현]에 머물며 평화로운 노후를 보냈다. 그러던 어느 날 도미튀김을 먹고 복통을 일으켜 중태에 빠졌다가

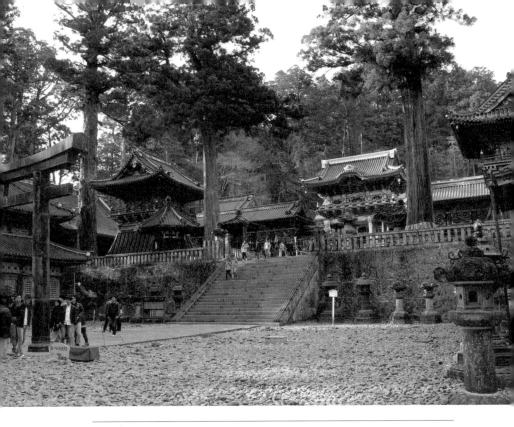

롯코를 상징하는 문화유산, 도쇼구

닛코를 상징하는 문화유산, 도쇼구

결국 3개월 만에 세상을 떠났다(1616년). 이때 그의 나이 74세. 당시
로서는 장수를 한 셈이다.

죽기 직전, 그는 닛코에 작은 사당을 짓고 자신을 묻으라는 유언을
남겼다. 에도의 정북향, 하늘의 중심인 북극성 바로 아래에 있는 닛코
에서 에도 막부의 태평성대가 이어지는 모습을 보고 싶다는 이유였
다. 그로부터 딱 1년 뒤, 도쿠가와 이에야스는 소원대로 닛코에 묻혔

"듣지 말고, 말하지 말고, 보지 말라."를 뜻하는 세 마리 원숭이 조각상이 새겨진 신큐샤

다. 그의 사후 고미즈노오 덴노(재위 1611~1629년)는 '도쇼다이곤겐[東照
大権現: 동녘을 밝히는 위대한 화신]'이라는 이름을 내렸고, 이에 따라 그를
모신 신사는 '도쇼구[東照宮]'가 되었다(이후 일본 전역에 수백 개의 도쇼구가
생겨나 지금도 도쿠가와 이에야스를 신으로 모시고 있다).

처음에는 이에야스의 유언에 따라 자그마했던 닛코의 도쇼구는
그의 손자이자 3대 쇼군인 이에미쓰가 1636년에 호화찬란하게 다
시 지었다(앞서 살펴본 교토의 니조성을 증축한 것도 이에미쓰였다). 그는 금화
56만 냥(약 8.4톤)이 넘는 공사비를 들여 당대 최고의 화가, 조각가,
건축가 등 연인원 450여 만 명을 동원해 단 1년 5개월 만에 공사를
마쳤다.

그 결과 35채의 건물에 5,000여 개의 동식물 조각들로 화려하게
장식된 도쇼구는 오늘날 8점의 국보와 55점의 중요문화재를 보유하

도쿠가와 이에야스의 무덤 오쿠샤

인조가 선물한 '조선종'

508개의 화려한 조각으로 장식된 요메이몬

게 되었다. 4미터의 인왕상이 지키는 오모테몬[表門]을 시작으로 나라 도다이지의 쇼소인을 본떠 만든 산진코[三神庫], 도쇼구에서 가장 유명한 원숭이 조각상이 새겨진 마구간 신큐샤[神廏舍] 등 볼거리가 한가득이다. 오죽하면 "닛코를 보지 않고 멋있다는 말을 하지 말라."는 속담이 생겨났을까.

도쿠가와 이에야스가 묻힌 도쇼구는 조선통신사*들의 단골 행선지였다. 원래 통신사의 임무는 에도에서 쇼군에게 국서를 전달하는 것으로 끝이 나지만, 막부의 간곡한 부탁으로 여정을 닛코까지 연장하

임진왜란 이후 도쿠가와 이에야스는 도요토미 히데요시와의 차별성을 부각시키기 위해 조선과의 국교를 정상화하고 통신사通信使 파견을 요청했다. '믿음으로 통하는 사절단'인 통신사는 양국 간 평화와 우호의 상징이 되었다. 이후 200여 년간 조선통신사가 12회 일본을 방문했는데, 사신뿐 아니라 학자·화가·마상 무예가 등 300~500명 규모의 통신사 일행이 일본에 우리의 문화를 전하는 역할을 했다. 세토 내해를 거쳐 오사카에 상륙한 통신사가 에도에 이르는 동안 구름 같은 일본인들이 몰려들어 글씨와 그림을 청해 받는 등 요즘의 한류스타 못지않은 환영을 받았다. 통신사가 한 번 오가는 데는 대략 쌀 100만 석의 어마어마한 비용이 들었는데, 이는 모두 에도 막부가 부담했다. 통신사의 화려한 행렬이 막부의 권위를 높이는 데 도움이 되었기 때문이다.

곤 했기 때문이다. 덕분에 도쇼구 곳곳에서 조선통신사의 흔적을 찾아볼 수 있다. 508개의 화려한 조각으로 장식된 요메이몬[陽名門] 앞에는 인조가 선물한 '조선종'이 걸려 있고, 이에야스의 무덤인 오쿠샤[奧社] 앞에는 조선에서 가져간 삼구족(향로, 화병, 촛대)이 놓여 있다. 살아생전 조선과의 교류에 힘을 쏟았던 도쿠가와 이에야스의 신사에 어울리는 물건들이다.

도쇼구 주위에는 닛코의 또 다른 유네스코 세계문화유산인 린노지[輪王寺]와 후타라산[二荒山] 신사가 있다. 모두 걸어서 10분 내외의 거

닛코에서 가장 큰 건물, 린노지 삼불당

리니 같이 둘러보는 것이 좋을 듯. 원래 도쇼구와 후타라산 신사는 린노지에 속해 있었으나 메이지 시대의 신불 분리령에 따라 독립한 것이다. 이름처럼 불상 셋을 모신 린노지의 삼불당은 닛코에서 가장 큰 건물이고, '닛코의 3대 영봉'을 신으로 모신 후타라산 신사의 신전 은 가장 오래된 건물이란다.

후타라산 신사 옆에는 여전히 린노지 소속인 다이유인[大猷院]이 있

화려하지만 도쿄구보다는 소박한 다이유인

다. 닛코에서 도쿄구 다음으로 화려한 건물인 다이유인은 죽어서도 할아버지 곁에 묻히기를 원했던 이에미쓰를 모신 사당이다. 전체적으로 도쿄구와 비슷한 구조이지만 규모가 작고 건축 스타일이 다르다. 이는 이에미쓰가 감히(?) 할아버지와 같은 사당을 짓도록 허락하지 않았기 때문이라고. 건물 전체가 도쿄구를 향하고 있는 것도 할아버지에 대한 존경심을 나타내기 위해서란다.

이에미쓰의 '지극한 할아버지 사랑'에는 이유가 있다. 도쿠가와 이에야스의 어릴 적 이름인 '다케치요'를 그대로 물려받았을 뿐 아니라 그의 전폭적인 지지 속에 쇼군의 자리에 올랐기 때문이다(아버지였던 2대 쇼군 히데타다는 이에미쓰의 동생을 편애해 쇼군의 자리를 물려주고 싶어했단다). 마침내 3대 쇼군이 된 이에미쓰는 도쇼구 증축으로 보답했다. 정치에도 힘써 각종 제도를 정비하고 참근교대를 정례화하는 등 막부 체계를 안정시켰다. 에도 막부의 기초였던 막번 체제를 완성시킨 것도 이에미쓰였다. 이 정도면 도쇼구의 이에야스도 흐뭇한 얼굴로 다이유인의 이에미쓰를 보고 있지 않을까?

6장
후쿠오카

규슈의 관문,
역사의 관문

하카타역, 하쿠하쿠,
다자이후텐만구·규슈국립박물관·다자이후 세이초 유적,
모지코와 시모노세키항

후쿠오카시는 규슈 제1의 도시이자 오사카, 도쿄에 이어 한국인이 세 번째로 많이 찾는 일본 관광지다. 이곳에 현청을 둔 후쿠오카현은 다자이후, 기타큐슈, 야나가와 등 또 다른 관광 명소들을 품고 있다. 기차로 한 시간이면 연결되는 후쿠오카현의 도시들은 하나의 관광권을 이룬다.

그중에서도 하카타 만을 통해 일찍부터 한반도와 교류했던 후쿠오카, 옛날 규슈를 다스린 관아가 있었던 다자이후, 요코하마보다 더 잘 보전된 근대 거리를 갖춘 기타큐슈 등은 만만치 않은 내공을 자랑하는 역사도시이기도 하다. 모두 후쿠오카 역사기행에 손색이 없는 명소들이다.

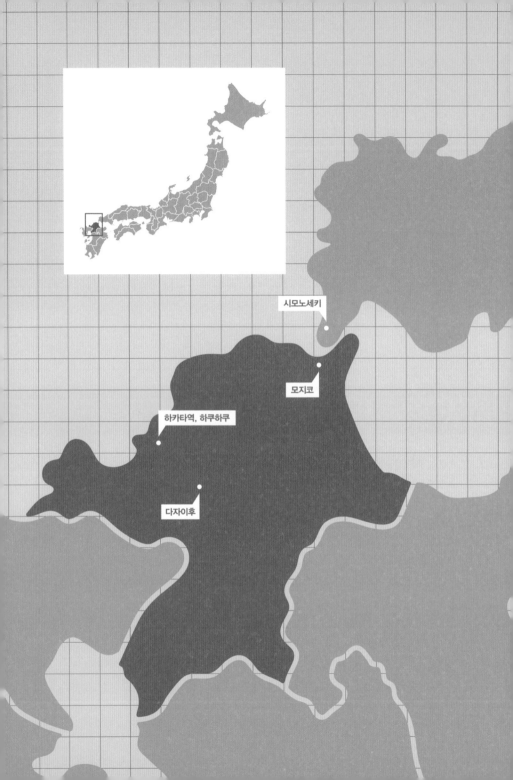

시모노세키

모지코

하카타역, 하쿠하쿠

다자이후

한중일을 잇는
중세 자유도시의 흔적

후쿠오카 하카타역

처음 후쿠오카를 찾는 이들이 살짝 당황하는 사실 하나. 도쿄에 도쿄역, 오사카에는 오사카역이 있지만 후쿠오카에는 후쿠오카역이 없다. 후쿠오카 최대의 기차역 이름은 '하카타역'이다. 여기에는 사연, 아니 역사가 있다. 현재의 후쿠오카시는 원래 두 개의 시가 하나로 합쳐진 것이다. 시의 중심을 가르는 나카 강을 사이에 두고 서쪽은 후쿠오카시, 동쪽은 하카타시였다. 전자는 에도 시대 후쿠오카번의 사무라이들이 사는 행정도시였고, 후자는 무로마치 시대부터 상인들이 일군 상업도시였다. 아무래도 사무라이들의 힘이 더 셌던 것일까? 1889년 두 개의 시가 통합하면서 논쟁 끝에 후쿠오카시가 되었고, 하카타라는 이름은 철도역과 항구의 이름으로만 남게 되었다.

하카타역은 규슈 철도망의 핵심일 뿐 아니라 복합 쇼핑타운이다.

후쿠오카뿐 아니라 규슈 철도망의 핵심인 하카타역은 백화점과 각
종 쇼핑몰, 맛집들이 들어선 복합 쇼핑타운이다. 'JR하카타시티'라는
이름처럼 어마어마한 규모를 자랑한다.

상인들이 주도한 옛 하카타시 또한 번화한 상업도시였다. 한반도
와 가까운 하카타 만이 한중일을 연결하는 관문이었기에, 하카타에
서는 일찍부터 무역이 발달했다. 아스카 시대의 견수사와 나라 시대

JR하카타시티 내의 상점가. 하카타는 일찍부터 상업이 발달한 도시였다.

의 견당사가 출발한 곳도 하카타 항구였다. 11세기 말 하카타에는 '대당가大唐街'라 불리는 중국인 거리가 생겨 외국인이 사는 이국적인 건물들이 들어서기도 했다. 무로마치 시대에는 명나라와의 무역을 독점하는 항구도시로 성장했다.

이 과정에서 하카타는 막대한 부를 일군 상인들이 다이묘의 개입을 막고 자치적으로 운영하는 자유도시가 되었다. 이처럼 일본의 중

일부 건물만 복원된 후쿠오카성

세에는 무역항을 중심으로 자유도시들이 태어났는데, 하카타는 오사카 인근의 사카이[堺]와 함께 중세를 대표하는 자유도시였다.

약육강식의 센고쿠 시대가 도래하자 자유도시들은 센고쿠 다이묘들의 먹잇감이 되었다. 하카타 또한 폐허가 되다시피 했으나 전국을 통일한 도요토미 히데요시가 부흥시켰다. 하카타를 조선 침략의 물류 기지로 활용하려는 속셈이었단다. 이를 위해 다시 하카타를 자유도시로 만들고 상인들의 자치를 허용했다.

에도 시대가 되면서 하카타와 강을 하나 사이에 두고 무사들의 도시인 후쿠오카가 생겨났다. 후쿠오카번은 첫 번주였던 구로다 나가마사의 출신 지역인 '비젠후쿠오카[備前福岡]'(지금의 오카야마현 세토우치시)를 딴 이름이다. 메이지 시대에 하카타와 합쳐진 후쿠오카는 규슈의 중심지로 성장했다. 제2차 세계대전 중의 대공습으로 다시 한 번 폐허가 되었지만 고도 성장기를 거치면서 '규슈 중심도시'의 지위를 회복했다. 도쿄역만큼이나 크고 화려한 하카타역에서 그 사실을 확인할 수 있다.

부산에서 후쿠오카로,
명란젓에서 멘타이코로

하쿠하쿠

하카타역에서 3킬로미터 남짓 떨어진 하쿠하쿠HAKU HAKU는 일본 제일의 멘타이코[明太子: 명란젓] 제조사인 후쿠야ふくや가 운영하는 음식문화박물관이다. 후쿠오카를 대표하는 향토기업이기도 한 후쿠야가 이 지역의 식문화를 널리 알리기 위해 2014년 문을 열었다(그 중심에는 당연히 멘타이코가 있다). 후쿠오카의 축제, 음식문화, 전통공예를 소개하면서, 멘타이코를 만들어볼 수 있는 체험공방과 후쿠야의 창업 이야기를 담은 전시실도 운영한다.

우리에게도 맛있는 명란젓이 있는데 굳이 일본에서 이런 데까지 가볼 필요가 있을까, 하는 의문이 들지도 모르겠다. 하지만 바로 그렇기 때문에 이곳이 역사기행 코스가 되었다. 후쿠오카의 향토음식으

멘타이코 제조사 후쿠야 사옥에 자리 잡은 음식문화박물관 '하쿠하쿠'

로 일본 전역의 입맛을 사로잡은 멘타이코는 바로 우리 명란젓이 대한해협을 건너 전해진 것이다. 그것도 불과 수십 년 전의 일이었다.

하쿠하쿠의 2층 전시실에는 오래전 상점의 모습이 재현되어 있다. 후쿠야의 창업주 가와하라 도시오가 1948년에 문을 연 자그마한 식료품 가게다. 그는 여기서 일본 최초의 명란젓을 만들어 팔았다. 부산에서 태어나고 자란 가와하라가 일본의 패전 이후 부모님의 고향인

후쿠야의 창업주 가와하라 도시오와 그가 1948년에 시작한 식료품 가게

하쿠하쿠의 한 코너를 가득 채우고 있는 다양한 종류의 멘타이코

2부 일본 역사여행

후쿠오카에 정착해 어린 시절 즐겨 먹었던 명란젓을 만들어 판 것이 멘타이코의 시작이었다. 그런데 이게 대박이 났다. 식료품점은 멘타이코 전문점으로 간판을 바꿔 달았고, 이렇게 시작한 후쿠야는 일본 최대의 멘타이코 제조사로 성장하게 되었다.

여기에는 1975년 하카타역까지 개통된 신칸센의 역할이 컸다. 신칸센을 타고 후쿠오카를 찾은 사람들이 너도나도 선물용으로 멘타이코를 사 갔고, 후쿠오카의 멘타이코는 순식간에 일본 전역으로 퍼져나갔다. 2024년 현재 일본에서 멘타이코를 만드는 회사는 대략 200여 개이고 시장 규모는 약 1조 8,000억 원이라고 한다. 1,000억 원 정도로 추산되는 한국의 명란젓 시장과 비교할 수 없을 정도로 크다.

하쿠하쿠의 한 코너를 가득 채우고 있는 멘타이코는 종류도 다양하다. 소금의 양에 따라, 매운맛의 정도에 따라, 색소의 유무 등에 따라 구분된 상품이 수십 가지다. 거기에 튜브에 담아 먹기 편하게 만든 것, 다양한 허브를 섞어 색다른 맛을 낸 것, 한국인도 많이 찾는다는 명란마요네즈까지, 다채로운 멘타이코들이 한가득이다.

어찌 보면 얄밉기도 하고 심지어 억울하기도 하다. 하지만 그럴 필요는 없다. 문화란 게 원래 그런 것이니까. '원조'보다 더 중요한 건 '현재'다. 배울 것이 있다면 배우면 된다. 혹시 아나? 그렇게 수십 년이 지나면 우리의 명란젓이 일본의 멘타이코보다 더 다양하고 맛있어질지. 그때도 우리가 이겼다며 통쾌해할 것이 아니라 맛있는 명란젓을 즐기면 된다. 멘타이코도 함께 즐기면 더욱 행복할 것이다.

'입시 성지'가 된
고대 규슈의 중심도시

다자이후

후쿠오카시와 이웃한 다자이후시는 매년 수백만 명이 찾는 관광 명소다. 일등공신은 학문의 신을 모신 덕분에 수험생들의 성지가 되었다는 다자이후텐만구[太宰府天満宮]*. 다자이후역에서 걸어서 7분 거리인 이곳은 해마다 입시철이면 수험생과 가족들로 인산인해를 이룬다. 국가중요문화재로 지정될 만큼 멋진 본전과 신사 곳곳에 수백 그루 자리 잡은 매화나무, 아름다운 연못과 정원으로 '후쿠오카 근교 관광 명소 1순위'로 손꼽히는 곳이기도 하다.

이곳에 모신 학문의 신은 헤이안 시대의 학자이자 정치가였던 스가와라노 미치자네다. 타고난 천재성을 덴노에게 인정받아 관료로 출세했던 스가와라노 미치자네는 견당사로 뽑혔으나 "무너져가는 당

　　　　　　　　　　　　　　　　　　　　　　　　2부 일본 역사여행

* 신사의 종류: 신사, 대사, 신궁, 궁

신도의 종교 시설은 보통 신사라 부르지만 종류에 따라 대사, 신궁, 궁이라고도 한다. 대사大社(다이샤たいしゃ)는 이름처럼 크고 중요한 신사를 가리킨다. 1년에 한 번, 전국의 신들이 모여서 회의를 연다는 이즈모타이샤가 대표적이다. 신궁神宮(진구じんぐう)은 덴노를 신으로 모시거나 그와 연관이 깊은 신사를 가리킨다. 메이지 덴노를 모신 메이지 신궁, 황실 신사인 이세 신궁이 그렇다. 궁宮(구ぐう)은 황실과 관계가 깊거나 역사적으로 유명한 인물을 모신 신사다. 도쿠가와 이에야스를 모신 도쇼구나 스가와라노 미치자네를 모신 덴만구 등을 예로 들 수 있다.

나라에서 더 이상 배울 것이 없다."며 오히려 견당사를 없애버린 인물이란다. 가히 '헤이안 시대 국풍 문화의 원조'라 부를 만하다. 하지만 얼마 후 모함을 받아 교토에서 다자이후로 좌천되었고, 2년 뒤 이곳에서 세상을 떠났다.

그런데 본격적인 이야기는 여기서부터 시작된다. 그의 관을 우마차에 실어 교토로 옮기려는데, 소가 꼼짝도 하지 않았다. 결국 그는 다자이후에 묻혔다. 그 뒤로는 교토에 벼락이 떨어져 덴노의 궁전이 불타고 황족과 귀족들이 잇따라 요절하는 일이 벌어졌다. 사람들은 이 모든 일이 스가와라노 미치자네의 다타리 때문이라고 여기고 그를 천신天神(덴진てんじん)으로 모시는 신사를 짓고는 '덴만구'라 불렀다

후쿠오카 근교 관광 명소 1순위, 다자이후텐만구

스가와라노 미치자네 초상화
(기쿠치 요사이菊池容斎 작품)

(후쿠오카의 번화가인 덴진의 지명도 여기서 나왔다).

세월이 흘러 그를 학문의 신으로 모시는 덴만구들이 전국에 생겨나면서 이름 앞에 지역명을 더해 구분하게 되었다. 가장 먼저 생긴 다자이후텐만구가 전국 수백 개 덴만구의 총본산이다.

신사의 도리이를 지나면 스가와라노 미치자네의 관을 끌었던 소를 기리는 동상이 보인다. 이 소의 머리를 만지면 머리가 맑아지고 공부가 잘된다고 하는데, 수험생뿐 아니라 관광객들의 손길도 더해져 유난히 머리가 반짝인다. 소를 만지고 머리가 맑아졌다면 다자이후텐만구 바로 뒤에 있는 규슈국립박물관으로 발걸음을 옮기자. 지금이라면 박물관의 모든 전시물이 머리에 쏙쏙 들어올지도 모르니까.

규슈국립박물관은 도쿄, 교토, 나라에 이어 일본에서 네 번째로 설립된 국립박물관이다. 나라국립박물관 이후 108년 만인 2005년에 문을 열었으니, 터울이 엄청 나는 늦둥이인 셈이다. 거대한 파도처럼 흘러내리는 지붕과 2중 유리 구조의 외벽은 고풍스런 다른 국립박물관과는 달리 모던한 분위기를 자아낸다. 도쿄, 교토, 나라의 국립박물

스가와라노 미치자네의 관을 끌었던 소를 기리는 동상

학문의 신을 모시는 신사라 학생들에게 인기 있다.

먼저 생긴 세 곳의 국립박물관과 달리, 규슈국립박물관은 '역사계 박물관'이다.

관이 모두 미술품을 중심으로 한 '미술계 박물관'인 데 비해 규슈국
립박물관은 역사의 흐름을 주로 보여주는 '역사계 박물관'인 점도 다
르다(앞서 설명했던 '조야고아 – 나혜가무 – 센에메'를 복습하기에 최적의 장소다).

　일본의 역사를 한국, 중국 등 주변국들과의 문화 교류의 관점에서
전시한 것도 이곳만의 특징이다. 덕분에 상설전시관의 이름도 '문화
교류전시실'. 1층 로비를 지나 기나긴 에스컬레이터에 오르면 바로 4
층의 상설전시관에 닿는다. 입구에 들어서면 돌칼과 돌도끼 같은 구

석기시대 유물과 함께 조몬 토기가 보인다. 그런데 이건 도쿄 국립박물관에서 보았던 불꽃 모양의 화려한 토기와는 달리 얌전한(?) 모양이다. 이 토기는 의례용이 아닌 일상생활에서 쓰인 것으로 보인다(물론 화려한 모양의 토기도 있다).

규슈국립박물관에서 볼 수 있는 조몬 토기

조몬 토기를 지나면 야요이 시대의 유물들이 보인다. 반달돌칼과 세형동검, 독널(옹관) 등 야요이 시대를 대표하는 유물들은 서울의 국립중앙박물관에서 보던 것과 거의 똑같다. 야요이 시대 한반도 도래인의 문화 전파가 유물로 확인되는 셈이다.

규슈국립박물관이 '역사계 박물관'이라면 이곳에서 5킬로미터쯤 떨어진 다자이후 세이초 유적은 '역사의 현장'이다. 원래 다자이후[大宰府]란 율령국가의 틀을 갖춘 일본의 중앙정권이 규슈 지역을 다스리기 위해 세운 관청의 이름이었다(이곳을 책임진 지방장관이 '다자이'였다). 지금은 허허벌판에 거대한 주춧돌뿐이지만 옛날에는 세이초[政廳: 정청]를 중심으로 20여 개의 건물에 관아가 모여서 규슈 최대의 행정 중심지를 이루었단다.

규슈국립박물관에서 볼 수 있는 조몬 시대의 또 다른 유물, 토우와 곡옥

한반도 도래인의 문화 전파와 교류를 확인할 수 있는 야요이 시대의 토기와 가야의 금동 신

2부 일본 역사여행

다자이후 세이초 유적. 다자이후가 규슈 최대의 행정 중심지였던 흔적이다.

다자이후는 규슈 지역의 통치뿐 아니라 방어도 책임졌다. 660년 백제가 멸망하고 일본의 지원군도 백강(금강)에서 패배하자 나당 연합군이 한반도와 가까운 규슈를 침략할지 모른다며 방어용 성을 쌓은 곳이 다자이후였다. 이때 쌓은 성이 미즈키[水城]라는 이름으로 지금도 남아 있는데, 성의 축조에 백제의 망명자들이 대거 참여했기에 '백제식 토성'이라 불린다.

이렇게 통치와 방어의 중심이었던 다자이후는 부침을 거듭하다 에도 시대에 관청(세이초)이 폐지되면서 다자이후라는 이름만 남아 오늘에 이르고 있다.

오륙도 돌아가는
연락선의 아픔

모지코와 시모노세키항

하카타역에서 신칸센을 타면 20분도 안 걸려 도착하는 곳. 기타큐슈 [北九州]는 이름처럼 규슈 최북단의 도시다. 폭이 좁은 곳은 약 600미터에 불과한 간몬 해협을 사이에 두고 혼슈(야마구치현)의 시모노세키 시와 마주보고 있다. 혼슈와 규슈를 연결하는 다리(간몬교)와 해저터널(간몬터널)이 생기기 전까지는, 기타큐슈의 모지코[門司港]에서 출발하는 연락선이 시모노세키로 가는 유일한 교통수단이었다.

한때 무역항으로 번성했던 모지코는 지금 기타큐슈를 대표하는 관광지로 유명하다. 1891년 처음 문을 열 때의 모습을 그대로 간직한 모지코역을 중심으로 100년을 훌쩍 넘긴 근대 건축물들이 줄지어 들어서 있기 때문이다.

100년을 훌쩍 넘긴 근대 건축물들을 볼 수 있는 모지코 레트로

　시간여행을 온 듯한 근대 거리는 '모지코 레트로'라는 이름으로 관광객들을 맞고 있다. 인증샷 명소인 '바나나맨' 조형물은 이곳이 일본에 처음으로 바나나를 들여온 항구였음을 알려준다. 메이지 시대부터 시작된 일본 철도의 역사를 한눈에 볼 수 있는 규슈철도기념관 또한 모지코 레트로를 대표하는 볼거리 중 하나다.

　모지코에서 연락선을 타고 딱 5분이면 시모노세키항에 닿는다. 앞서 도쿄역을 보며 이야기했던 관부연락선이 바로 이곳에서 출발했

바나나가 모지코를 통해 일본으로 처음 들어왔음을 보여주는 바나나맨 조형물

다. 조용필의 노래 〈돌아와요 부산항에〉 속의 "오륙도 돌아가는 연락선"이 바로 관부연락선이다. 1905년 개통된 관부연락선은 일본의 대륙 진출 루트이자 한반도를 수탈하는 빨대였다. 특히 태평양전쟁 이후 일제는 수십만 명의 조선인을 관부연락선에 태워 징용으로 끌고 갔다. 조선인들을 짐짝처럼 실은 관부연락선은 노예선이나 다름없었다.

일본에 도착해서는 살인적인 노예노동으로 수많은 이가 목숨을 잃었고, 해방 이후 고향 땅으로 향하던 연락선이 풍랑으로 침몰해 탑승

자 전원이 사망하는 일도 벌어졌다. "오륙도 돌아가는 연락선"에 이어지는 "목메어 불러봐도 대답 없는 내 형제여"라는 가사에는 이런 아픔이 담겨 있다.

부산과 시모노세키를 잇는 바닷길에 언제나 슬픔만 가득했던 건 아니다. 이 길은 한반도와 일본을 믿음으로 이어준 조선통신사의 뱃길이기도 했다. 시모노세키 항구에서 도보로 10분 거리에 세워진 조선통신사 상륙 기념비에는 이러한 사실이 한글과 가나로 쓰여 있다. 부산을 출발한 열두 차례의 통신사 중 쓰시마까지만 갔던 마지막을

조선통신사 상륙 기념비

제외한 열한 번의 통신사가 바로 이 자리에 상륙했다. 여기서 다시
배를 타고 일본의 내륙해인 세토 내해를 통해 오사카까지 이동한 후
육로로 교토를 거쳐 에도에 이르렀다(물론 부산에서 시모노세키까지 오는 동
안에도, 다시 오사카까지 가는 중에도 쉬어 가는 중간 기착지들이 있었다). 조선통신
사의 길은 믿음과 우정, 예술과 즐거움이 가득한 기쁨의 길이었다.

　해방 이후 한동안 끊어졌던 관부연락선은 1970년부터 '부관페리'
라는 이름으로 운행을 재개했다. 지금도 한국 국적의 '성희호'와 일본 국적의 '하마유호'가 매일 번갈아가며 부산과 시모노세키를 오가고 있다. 조선통신사에서 시작한 부산과 시모노세키의 바닷길은 일제의 침략과 수탈로를 넘어 한국인과 일본인의 여행길로 이어지고 있는 셈이다.

7장
사가

도래인의 땅,
무령왕의 고향

요시노가리 역사공원,
히젠나고야성과 가카라시마, 아리타

후쿠오카현과 이웃한 사가현도 한반도와 인연이 깊다. 사가현 요시노가리에는 기원전 3세기 무렵부터 한반도의 도래인들이 마을을 이루었고, 가카라시마에서는 백제 무령왕이 태어났다. 임진왜란 때 일본 침략군의 출발 기지였던 히젠나고야성과 조선 도공 이삼평이 일본 최초로 도자기를 굽기 시작한 아리타도 모두 사가현에 자리 잡았다.

이쯤 되면 사가의 역사는 한반도와 따로 떼어낼 수 없을 만큼 밀접하다고 봐도 좋을 듯하다. 사가 역사기행은 일본 속 우리 문화를 찾아가는 과정이자 일본에서 우리 역사를 새롭게 바라보는 일이기도 하다.

히젠나고야성

요시노가리 역사공원

아리타

도래인이 일군
새로운 일본 문화

요시노가리 역사공원

사가현 동쪽의 요시노가리 역사공원은 일본의 야요이 시대를 대표하는 유적이다. '엄청 빠른 토기, 너무 늦은 농경'으로 요약되는 조몬 시대의 뒤를 이은 야요이 시대는 '하늘에서 뚝 떨어진 듯 갑작스레 시작된 벼농사와 청동기'로 대표된다. 이 시대의 주역이 한반도에서 건너온 도래인*이기 때문이다.

1986년 공원 단지를 개발하기 위한 사전조사에서 야요이 시대의 유물과 유적들이 쏟아져 나온 것이 요시노가리 역사공원의 시작이었다. 본격적인 발굴 결과, 이곳에는 야요이 시대가 시작하는 기원전 3세기부터 고훈 시대로 넘어가는 서기 3세기까지 마을이 있었다는 사실이 밝혀졌다. 이렇게 한자리에서 수백 년에 걸친 마을 유적이 오롯

해자와 목책, 뾰족하게 깎아 세운 통나무로 마을을 둘러싸고 있다.

신사의 도리이를 닮은 나무문 너머 12미터 높이의 망루가 보인다.

이 발견된 것은 세계적으로도 유래가 드문 일이란다. 2000년부터 부분 개방을 시작한 요시노가리 역사공원은 현재 축구장 약 100개의 크기에 다양한 시설을 갖추고 관람객들을 맞이하고 있다.

정문에 해당하는 동문에 이르면 다테 강 너머 요시노가리 역사공원이 보인다. 멀리 고시마키 산을 배경으로 자리 잡은 모양이 전형적인 배산임수의 지형이다. 야요이 시대의 마을이 복원된 역사공원은 사방이 논으로 둘러싸여 있다. '요시노가리[吉野ヶ里]'란 '좋은 들판이 있는 마을'이라는 뜻. 배산임수의 넓은 들판을 보니 한반도에서 건너

온 도래인들이 왜 이곳에 자리를 잡았는지 알 수 있다. '벼농사와 청동기'라는 선진 기술을 가져온 도래인들은 벼농사에 가장 적합한 지역에 정착했던 것이다. 더디기만 했던 일본의 농경은 이때 일대 도약을 이룰 수 있었다.

요시노가리 역사공원의 정문을 지나 '아마노우키하시'[天の浮橋: 하늘에 뜬 다리]라는 멋진 이름의 다리를 건너면 드디어 야요이 시대의 마을이 보인다. 신사의 도리이를 닮은 나무문을 중심으로 해자 뒤에 목책을 세우고 뾰족하게 깎은 통나무를 바리케이드 삼아 비스듬히 꽂아놓았다. 목책 안에는 또 다른 목책으로 둘러싸인 '남내곽南內廓'이 나오는데, 12미터 높이의 망루를 세워놓은 것이 뭔가 중요한 공간임을 알려준다. 이곳은 야요이 시대 지배층의 주거지로 목책과 해자, 망루 등은 훗날 일본의 성 구조로 발전하게 된다.

물론 야요이 시대 초기부터 이런 대규모 마을이 등장한 것은 아니다. 처음에는 움집들이 모여 있는 단순한 형태였다. 농경이 시작되면서 생겨난 작은 무라[村: 마을]들 사이에서 잉여생산물과 농업용수를 둘러싼 싸움이 일상화되면서 커다란 구니[国: 소국]로 발전하게 된다.

현재 요시노가리 역사공원에 복원된 마을은 야요이 시대 후반의 구니를 복원한 것이다. 이런 구니들이 연합하여 일본 최초의 국가인 야마타이국이 되었다(고 25쪽에서 말한 바 있다).

지배층의 주거지 옆으로는 시장과 창고들이 보인다. 이곳에선 이웃 구니의 생산물들이 거래되었을 것으로 추정된다. 쥐를 피해 바닥에서

요시노가리 역사공원의 남내곽(위)과 왕의 거주지로 추정되는 건물(아래)

고구려의 부경을 닮은 곡식 창고

축제와 제사가 열리는 신성한 장소, 북내곽

거대한 신전 건물 안에 실물 크기의 인형으로 야요이 시대의 제사가 재현되어 있다.

한반도 마한 지역의 것과 비슷한 독널무덤

1미터쯤 올려 지은 곡식 창고는 고구려의 창고인 부경桴京을 닮았다.

남내곽 위쪽에는 또 다른 목책으로 둘러싼 '북내곽北內廓'이 있다. 이곳은 구니의 축제와 제사가 열리는 신성한 장소였다. 거대한 신전 안에는 실물 크기의 인형으로 야요이 시대의 제사를 재현해놓았다. 북내곽의 북쪽은 죽은 자들의 공간이다. 여기에는 2,000여 기의 독널무덤(옹관묘)들이 있는데, 이는 한반도 남쪽, 특히 마한의 무덤과 같다.

그중 역대 왕들이 묻혔을 것으로 추정되는 거대한 독널에서는 청동검이나 곡옥, 민무늬토기 등의 껴묻거리가 발견되었다. 이 또한 한반도의 청동기시대 유물들과 똑같은 모양이다. 고구려 창고에 마한의 독널, 한반도의 것과 같은 청동검과 토기들을 보니 마치 어릴 때 잃어버린 동생을 찾은 듯하다. 암만 봐도 야요이 문화는 우리 문화인데, 결국 일본의 고대 문화는 우리가 다 전해준 것이 아닌가?

여기서 잠깐, 질문을 바꿔보자. 중국 대륙에서 출발한 사람들이 한반도로 와서 이룩한 구석기 문화는 중국 문화인가, 우리 문화인가? 인도에서 시작해 중국을 거쳐 한반도에서 꽃을 피운 불교 문화는 인도 문화인가, 중국 문화인가, 우리 문화인가? 중국에서 확립된 후 조선을 지배한 유교 문화는 중국 문화인가, 우리 문화인가?

이 모두가 오늘의 우리를 만든 우리 문화이듯, 도래인의 문화는 오늘의 일본인을 만든 일본 문화다. 현재의 일본인 대다수는 도래인과 조몬인의 혼혈이라는 사실이 최근의 유전자 연구에서 확인되었다고 한다. 한반도에서 옮겨 간 도래인들은 일본의 조몬인과 때로는 경쟁하고 때로는 섞이면서 새로운 일본 문화를 만들어간 것이다.

어제의 혈맹이
오늘의 적으로

히젠나고야성과 가카라시마

요시노가리에서 차로 한 시간 거리의 가라쓰[唐津]는 예로부터 중국[唐]으로 가는 나루[津]였다. 1592년 음력 4월 13일, 도요토미 히데요시의 심복인 고니시 유키나가와 가토 기요마사 등이 이끄는 15만 8,000여 명의 일본군이 가라쓰에서 부산을 향해 출발했다. 조선과 일본의 7년 전쟁, 임진왜란이 시작된 것이다.

　도요토미 히데요시가 침략군의 출발지로 가라쓰를 선택한 데는 몇 가지 이유가 있다. 우선 후쿠오카의 하카타항보다 직선거리로 부산에 더 가깝고, 수심이 깊어 큰 배도 쉽게 정박할 수 있었다. 또한 항구 바로 앞에 제법 큰 섬(가베시마)이 있어 파도를 막아줄 뿐 아니라 침략선들을 숨기기에도 좋았다.

　조선 침략을 결정한 도요토미 히데요시는 현해탄이 내려다보이는 가라쓰의 히젠 마을에 거대한 성을 쌓았다. 이 성은 센고쿠 시대 이 지역을 지배했던 나고야[名護屋] 가문의 이름을 따 나고야성이라 불렸는데, 에도 시대에 세워져 '일본의 3대 성' 중 하나로 꼽히는 아이치현의 나고야[名古屋]성과 구분하기 위해 '히젠나고야성'이라 부른다.

　약 17만 제곱미터로 오사카성에 버금가는 크기를 자랑했던 히젠나고야성은 임진왜란 동안 침략군 사령부로 전성기를 누렸다. 히젠나고야성 반경 3킬로미터에는 전국에서 모인 130여 명의 다이묘가 수십만 명의 군사를 거느리고 진을 쳤다. 하지만 도요토미 히데요시가 죽고 임진왜란이 끝나자 다이묘와 사무라이들은 고향으로 돌아갔

화려한 전각들은 모두 사라지고 곳곳이 무너진 축대와 건물터만 남았다.

다. 에도 막부를 연 도쿠가와 이에야스는 히젠나고야성을 부숴버렸
고 거대한 성은 방대한 폐허로 남았다. 1955년 국가특별사적으로 지
정되면서 성벽 일부를 복원했지만, 그 시절 화려한 전각들은 모두 사
라지고 곳곳이 무너진 축대와 건물터만 남아 전쟁의 역사를 증언하
고 있다.

　석벽 일부만 남은 성의 정문을 지나면 도요토미 히데요시가 사용
했다는 우물과 그가 심었다는 벚나무가 보인다. 언덕길을 따라 오르
니 5층짜리 천수각이 있던 자리에는 나고야 성터 기념비만 덩그러니
남아 있다. '황금다실'을 만들었던 도요토미의 취향에 따라 기와에 금
박을 입혔다는 천수각은 사라졌지만, 멀리 현해탄이 한눈에 보이는

바다를 향한 부채꼴 모양의 표지판에 그려놓은 당시 진영 배치도

전망은 예나 지금이나 여전하다.

바다를 향한 부채꼴 모양의 표지판에 그려놓은 당시 진영 배치도가 역사의 상상력을 자극한다. 번쩍이는 천수각 안에서 항구를 가득 메운 대군을 바라보던 도요토미 히데요시는 정말 중국을 지나 인도까지 정복하겠다는 야망을 불태웠을지도 모른다. 하지만 그의 야망은 자국과 이웃 나라에 심각한 피해만 남긴 채 헛된 꿈으로 사라지고 말았다. 야요이 시대부터 도래인으로 이어져온 한반도와 일본의 끈끈한 유대는 철천지원수 관계로 바뀌었다. 히젠나고야성의 천수각 터에서 백제 무령왕의 탄생지인 가카라시마[加唐島]가 바로 눈앞에 보

히젠나고야 성터에 세워진 '나고야성 박물관'.
임진왜란과 관련된 일본의 역사와 한반도와의 교류를 다루고 있다.

이는 것은 역사의 아이러니가 아닐 수 없다.

무령왕은 고구려에게 한강 유역을 잃고 웅진으로 천도한 백제의 중흥기를 이끈 왕이다. 그런데 그에 관한 한국과 일본의 기록이 서로 달랐다. 《삼국사기》에 따르면 24대 동성왕의 둘째 아들이지만, 《일본서기》에는 23대 개로왕의 아들로 기록되어 있다. 당연히 《삼국사기》의 기록이 정설로 받아들여졌으나, 1971년 발굴된 공주 무령왕릉에서 나온 지석(죽은 이에 관해 기록한 판석)을 보니 《일본서기》의 기록이 맞는 것으로 밝혀졌다. 더불어 《일본서기》에 실려 있는 무령왕의 탄생 이야기 또한 정설이 되었다. 고구려 장수왕의 공격을 받고 있던 백제

백제 무령왕의 탄생지 가카라시마

의 개로왕이 임신한 자신의 부인과 동생 곤지를 일본으로 보냈는데, 가는 도중 왕비가 갑자기 산기를 느껴 사가현 가라쓰 연안의 가카라 시마에 배를 대고 무령왕을 낳았다는 것이다.

탄생 때의 인연 때문일까? 백제를 중흥시킨 무령왕은 오경박사를 보내 학문을 전수하게 하는 등 일본과 우호적인 관계를 이어갔다. 무령왕의 관은 한반도에서는 자라지 않고 일본에 많은 금송으로 짠 것이라는 사실도 양국의 밀접한 관계를 보여준다.

히젠나고야성 인근의 요부코항[呼子港]에서 배로 20분쯤 걸리는 가카라시마에는 지금도 무령왕이 태어났다는 동굴이 남아 있다. 그 옆에는 갓 태어난 무령왕을 목욕시켰다는 우물과 함께 이곳이 무령왕의 탄생지임을 알리는 작은 나무 안내판이 서 있다. 가카라시마 항구 인근에는 10여 년 전 공주 시민의 모금으로 번듯하게 만든 무령왕 탄생 기념비가 세워졌다. 전쟁의 상처를 넘어 한일 양국의 인연이 이어지고 있는 셈이다.

'일본 도자기의 신'이 된 조선 도공

아리타

히젠나고야 성터에서 차를 타고 남쪽으로 1시간 20분쯤 달리면 '일본 도자기의 고향' 아리타에 도착한다. 자그마한 산골 마을이 일본을 넘어 세계적인 도자기 마을이 된 것은 1616년 조선 도공 이삼평이 자리를 잡으면서부터.

임진왜란 때 사가번주에게 끌려간 이삼평은 도자기를 만들라는 명령을 받고 10년 가까이 좋은 흙을 찾아 헤매다 마침내 아리타 인근에서 도석(갈면 도자기용 흙이 되는 돌) 광산을 발견했다. 그는 아리타에 도자기 가마를 만들고 일본 최초의 자기*를 생산했다. 이삼평으로부터 시작한 일본 도자기는 발전을 거듭해 17세기 중반부터는 유럽에 수출되어 세계적인 명성을 얻었다. 당시 명·청 교체기의 혼란으로 유

* 임진왜란은 도자기 전쟁?

일본에서 임진왜란은 '야키모노센소'[燒物戰爭: 도자기 전쟁]로도 불린다. 당시만 해도 일본은 질그릇 같은 도기陶器만 생산하고 백자 같은 자기磁器는 만들 줄 몰랐다(도기는 1,300도보다 낮은 온도에서, 자기는 그보다 높은 온도에서 구워낸 그릇으로, 흔히 도기와 자기를 합쳐 도자기라고 부른다). 센고쿠 시대에 다도가 유행하면서 자기로 만든 찻잔 수요가 늘어나자 비싼 값에 중국과 조선에서 수입해 왔다. 심지어 성城 하나와 맞먹는 가격의 찻잔이 등장할 정도. 센고쿠 다이묘들은 황금 알을 낳는 사업인 자기 찻잔 생산에 혈안이 되었고, 이 때문에 이삼평을 비롯한 수많은 조선 도공이 일본으로 끌려왔던 것이다.

럽 귀족들의 '머스트 해브 아이템'이었던 중국 도자기 수입이 막히자 일본으로 방향을 튼 것. 이렇게 시작된 일본 도자기의 유럽행은 다음 세기에도 지속되었고, 앞서 말한 것처럼 도자기 포장지였던 우키요에가 고흐 등 유럽 인상파들에게 영향을 주었다.

도자기 마을 아리타의 중심에는 도잔陶山 신사가 있다. 원래는 17세기 중반에 오진 덴노를 주신으로 하여 세운 신사인데, 20세기 초반 아리타 도자기 300주년을 맞이해 이삼평을 도조陶祖로 모시면서 지금의 모습이 되었다.

가파른 계단을 올라 신사에 들어서면 3.65미터 높이의 멋진 청화백자 도리이가 관람객들을 맞는다. 과연 도자기의 신을 모신 신사에

도잔 신사의 3.65미터 높이의 청화백자 도리이

어울리는 모습이다. 여기서 5분쯤 언덕을 더 오르면 오벨리스크 모양
의 '도조 이삼평비'가 옹기종기 아담한 아리타 마을을 굽어보고 있다.
조선의 도공이 일본 땅에서 추앙받는 모습을 보니 왠지 뿌듯하면서
도 한편으로는 가슴이 아프다. 이삼평은 사실 납치를 당한 것이며, 일
본은 전쟁을 통해 조선의 도자기와 장인들을 강탈해 간 것이니까.

그리고 이어지는 다른 생각 하나. 이삼평이 조선에 남아 있었다면
과연 이름이라도 남길 수 있었을까? 지금 우리에게 남아 있는 조선
도공의 이름은 없다. 그런데 일본 땅으로 끌려간 조선의 도공들은
여성들까지도 이름을 남겼다. 비록 끌려갔으나 뛰어난 실력으로 열

도조 이삼평비. 도잔 신사는 조선 도공 이삼평을 도자기의 신으로 모시고 있다.

청자와 백자로 만든 수호 사자들

이삼평이 10년 만에 자기를 빚는 데 적합한 흙을 찾아낸 곳이 이즈미야마 자석장이다.

심히 일한 만큼 대접을 받은 것이다. 이삼평 이후 조선이 아니라 일본의 도자기가 세계적인 명성을 얻게 된 것에 고개가 끄덕여지는 이유다.

　도잔 신사에서 차로 5분이면 이즈미야마 자석장[泉山 磁石場]에 닿는다. 이삼평이 10년 만에 찾아낸 도석 광산이 있던 자리다. 그런데 '이삼평 발견 자광지'라고 쓰인 기념비 뒤로 보이는 것은 산이 아니라 거대한 구덩이다. 400년 동안 산 하나를 평지로 만든 것도 모자라 구

덩이까지 파가며 도자기를 만든
것이다. 일본 도자기 산업의 발
전을 상징하는, 보기만 해도 입
이 떡 벌어지는 광경이 아닐 수
없다.

　이즈미야마 자석장까지 왔다
면 걸어서 5분 거리에 있는 이시
바[石場] 신사도 가봐야 한다. 자
그마한 신사에는 도자기로 만든
이삼평 조각상이 모셔져 있다.
흰색 한복에 하얀 수염을 기르

이시바 신사의 이삼평 조각상.
역시 도자기로 만든 것이다.

고 굵은 손마디를 맞잡은 것이 영락없는 조선 도공의 모습이다.

　이즈미야마 자석장에서 일본 도자기 산업의 규모를 가늠했다면 차
로 10분 거리의 규슈도자문화관에서는 그 구체적인 모습을 확인할
수 있다. 5개로 나뉜 전시실은 이삼평에서 시작한 아리타야키(아리타
도자기)의 역사를 꼼꼼히 보여준다.

　특이한 것은 유럽으로 수출되던 아리타야키(사가현의 이마리항을 통해
수출되었기에 '이마리야키'라고도 불린다)는 화려한 원색을 자랑하는 커다란
중국 도자기를 닮았다는 점이다. 이는 '본차이나'를 사랑했던 유럽 고
객들의 취향을 반영한 것이란다.

　여기까지 왔다면 반드시 2층 카페에서 차와 케이크를 드셔보시길.

아리타 도자기의 역사를 살필 수 있는 규슈도자문화관

주 소비자인 유럽 고객의 취향을 반영해 크고 화려한 색상을 자랑하는 아리타 도자기

이곳의 음식들은 모두 200~300년 된 아리타야키에 담겨 나온다. 그렇다고 음식 값이 특별히 비싼 것도 아니다. 조금 전까지 전시실 유리관 속에 있던 유물에 차를 따라 마시고 케이크를 담아 먹는 경험은 규슈도자문화관의 하이라이트다. 옛 도자기를 쓰면서 얻는 감흥은 보면서 얻는 감흥에 비할 바가 아니다. 원래 도자기란 보기 위해서가 아니라 쓰기 위해 만든 것이니까. 그리고 보니 일본은 어느 음식점에서도 똑같은 플라스틱 그릇에 음식을 담아서 내는 법이 없다.

이렇게 생활 속에서 도자기를 즐기는 일본 문화가 부럽다면 아리타 마을의 도자기 상가에서 적당한 가격의 생활 도자기를 사는 것도 좋다. 귀국 후에는 '아리타의 원조'라 할 수 있는 이천이나 여주를 찾아 생활 백자를 산다면 더욱 좋겠다.

8장
나가사키

500년 역사의
원조 개항장

데지마, 나가사키 신치주카가이와 시카이로, 군함도, 나가사키원폭자료관

우리에게 '짬뽕의 고향'으로 알려진 나가사키는 일본 최초의 무역항이기도 했다. 센고쿠 시대 처음 서양과의 교역을 시작한 이래, 기나긴 쇄국의 에도 시대에도 나가사키의 데지마는 서양(네덜란드)과 소통하는 유일한 창구였다.

메이지 시대에는 미쓰비시 중공업의 조선소가 들어서면서 산업항으로 자리 잡았고, 푸치니의 오페라 〈나비부인〉의 무대가 되면서 세계적으로 유명해졌다. 제2차 세계대전 당시 조선인들이 징용으로 끌려간 군함도가 있는 곳도, 히로시마에 이은 원자폭탄 투하로 덴노의 무조건 항복을 이끌어낸 곳도 모두 나가사키다.

거리마다 세월의 흔적 가득한 '500년 역사의 원조 개항장'으로 시간여행을 떠나보자.

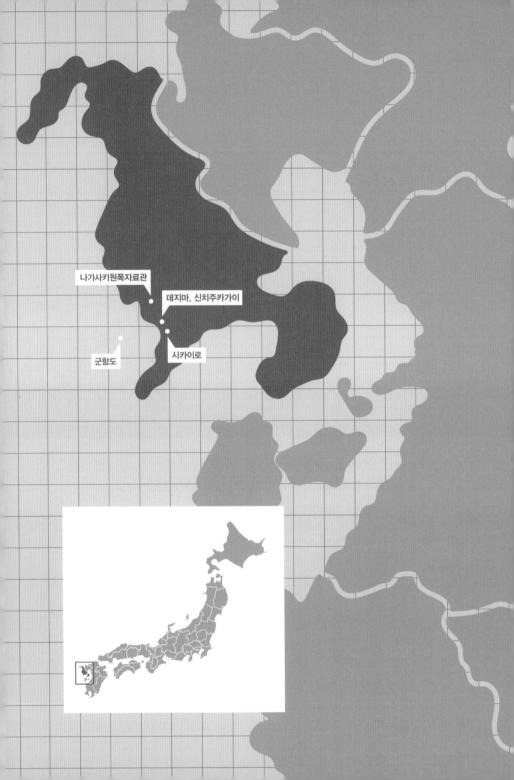

나가사키원폭자료관

데지마, 신치주카가이

군함도

시카이로

에도 시대 서양과의
유일한 소통 창구

데지마

JR나가사키역에서 트램을 타고 10분이면 도착하는 데지마[出島]는 원래 에도 시대에 만든 인공 섬이었다. 지금은 시가지가 확장되면서 육지가 되었으나 200년 넘는 쇄국의 세월 동안 나가사키 앞바다의 부채꼴 작은 섬은 서양과의 유일한 소통 창구였다. 사실 나가사키가 서양에 문을 연 것은 데지마가 생기기 훨씬 전의 일이었다. 포르투갈 상인들을 실은 명나라 선박이 풍랑으로 표류하다 가고시마의 다네가 시마[種子島]에 도착한 것이 1543년. 이때 조총이 전해지면서 저마다 부국강병을 꿈꾸던 센고쿠 다이묘들은 앞다투어 서양과 교류를 시작 했다. 그 선두에 나가사키가 있었다.

조총의 뒤를 이어 전해진 기독교를 가장 먼저 받아들인 곳도 나가사키였다. 1550년 예수회의 프란치스코 하비에르Francisco Javier가 나가사키의 히라도[平戶]를 거점으로 포교를 시작한 이래 나가사키 일대에는 수십만 명의 기독교인들이 생겨났다. 무역을 위해 기독교를 받아들이고 세례까지 받은 '기리시탄(크리스천) 다이묘'들도 나타났다 (임진왜란 때의 선봉장이었던 고니시 유키나가가 대표적 인물이다).

그렇지 않아도 막부의 기독교 금지는 쇄국으로 이어지던 참이었다. 시마바라의 난*이 일어나기 1년 전인 1636년에는 작은 인공 섬 데지마를 만들어 당시 서양 측 무역 파트너였던 포르투갈인들을 수용했다. 이들이 일본 곳곳을 다니며 기독교를 포교하는 걸 막기 위해서였다. 하지만 스페인 못지않은 가톨릭 국가였던 포르투갈인들은 금지된 선교를 하다 결국 추방당했고, 그 자리를 네덜란드가 차지하

---

* '시마바라 잇키'를 이끈 16세 소년

시마바라에서 일어난 기독교 반란을 이끈 사람은 '하느님의 대리인'이라 불리던 16세 소년, 아마쿠사 시로였다. 고니시 유키나가를 섬기던 가신의 아들이었던 아마쿠사는 여러 기적을 일으키며 십자가를 앞세우고 전투를 지휘했다고 한다. 하지만 결국 막부군에 패한 뒤에 "100년 뒤에 부활하겠다."라는 유언을 남기고 죽었다(사실은 죽지 않고 필리핀으로 도망쳤다는 설도 있다). 시마바라 잇키 이후 막부의 기독교 탄압은 더욱 극심해져 악명 높은 '후미에'(예수를 새긴 판을 밟게 해서 기독교도를 색출하는 방법)가 생겨나기도 했다. 지금도 나가사키 곳곳에 순교자를 기념하는 기독교 성지들이 남아 있다.

인공 섬이었던 데지마

게 되었다. 신교 국가였던 네덜란드는 선교 대신 무역에만 관심이 있었기 때문이다.

또한 네덜란드는 독점무역을 통해 경제적 이득을 얻는 대가로 서양의 각종 정보를 담은 '풍설서'를 막부에 제출했다(이를 통해 막부는 페리 제독의 흑선 함대가 일본을 향해 온다는 사실을 미리 알았다). 물론 네덜란드의 활동 범위도 축구장 두 개 크기의 인공 섬인 데지마 안으로 제한했다. 이때가 1641년으로, 이후 미국에 문을 여는 1854년까지 에도 막부의 쇄국 정책은 지속되었다. 그동안 데지마는 일본과 서양을 이어주는 유일한 창구로 번영했으나 개국 이후 여러 항구가 개방되면서 쇠퇴하고 말았

데지마를 전경에 두고 나가사키 만 건너편의 풍경을 그린 병풍

다(네덜란드 상관은 1859년에 폐쇄되었다).

지금 데지마에 있는 옛 건물들은 모두 최근에 복원한 것이지만 그 시절 분위기를 충분히 느낄 수 있다. 입장료를 내고 입구에 들어서면 네덜란드 상관장商館長(상업관리소의 우두머리)이 살던 집이 보인다. 데지마에서 가장 큰 건물 안에는 당시 가구들뿐 아니라 크리스마스 파티

2부 일본 역사여행

(가와하라 게이가川原慶賀 작품)

의 모습까지 재현해놓았다.

옛 데지마 신학교를 지나 조금 더 걸으면 네덜란드 서기관*들이 살던 '란가쿠칸[蘭學館]'이 나온다. 란가쿠(난학)란 네덜란드를 통해 들어온 서양 학문을 가리킨다. 에도 시대의 일본인들은 데지마를 통해 들어온 난학으로 서양 학문을 연구했고, 이는 메이지 유신 등 근대화의

데지마 네덜란드 상관의 18세기 모습(와타나베 슈세키渡辺秀石 작품)

현재 네덜란드 상관장의 집은 당시 사용하던 가구 등을 이용해 크리스마스 파티 모습을 재현해놓았다.

　　　　　　　　　　　　　　　　　　　　　　　　2부 일본 역사여행

원동력이 되었다. 현재 란가쿠칸에는 에도 시대의《네덜란드어-일본어 사전》과 난학의 선구자로 불리는 스기타 겐파쿠의《란가쿠고토하지메[蘭學事始]》등 난학 관련 자료들을 볼 수 있다. 이곳을 나와 옛 데지마의 모습을 그대로 축소해놓은 '미니 데지마'를 보면 짧은 시간여행도 끝난다.

* 《하멜표류기》는 서기관 하멜의 보고서

1653년 조선에 표류했던 하멜은 네덜란드 동인도회사의 서기관이었다. 당시 그와 일행은 일본의 나가사키를 향해 항해하던 중이었고, 풍랑을 만나지 않았다면 데지마의 란가쿠칸에 짐을 풀었을 것이다. 운 나쁘게도 조선에서 14년간이나 억류되었던 하멜 일행은 목숨을 건 탈출에 성공한 후 네덜란드 동인도회사에 긴 보고서를 제출했다. 억류된 기간 동안 받지 못한 임금을 소급해 받기 위해서였다(그래서 자신들의 불행과 고난을 과장한 측면이 있다). 이후 보고서는 책으로 출판되어 서양에 조선을 알리는 역할을 했고, 지금은 당시 조선의 상황을 보여주는 귀중한 사료가 되었다.

차폰, 잔폰, 짬뽕의
역사 속으로

나가사키 신치주카가이와 시카이로

데지마에서 걸어서 5분이면 요코하마 주카가이, 고베 난킨마치와 함께 '일본 3대 차이나타운'으로 손꼽히는 나가사키 신치주카가이[新地中華街]가 나온다. 십자형 거리 사방에 서 있는 청·백·적·흑색의 중화문(패루)이 이곳이 차이나타운임을 알린다. 그런데 일본뿐 아니라 전 세계에서도 가장 오랜 역사를 자랑하는 나가사키 차이나타운이 처음 생긴 곳은 여기서 400미터쯤 떨어져 있는 도진야시키[唐人屋敷]였다.

지금은 흔적만 남은 도진야시키는 에도 막부가 데지마에 이어 만든 외국인(중국인) 거주 지구였다. 그전까지 일본인과 자연스럽게 섞여 살던 중국인들을 네덜란드인처럼 한곳에 모은 것으로, 이 또한 쇄국정책의 일환이었다. 하지만 19세기 후반의 화재로 폐허가 되었고,

신치주카가이 입구임을 알리는 중화문

중국인들은 지금의 신치주카가이로 옮겨 와 새로운 차이나타운을 건설했다.

화려한 홍등의 신치주카가이는 우리에게 '나가사키 짬뽕'으로 알려진 '잔폰ちゃんぽん'의 고향으로 유명하다. '나가사키 잔폰'은 19세기 말 중국 푸젠[福建]성에서 나가사키로 이주한 요리사 천핑순[陳平順]이 처음 만들어 팔았다고 한다. 중국음식점 '시카이로[四海樓]'를 운영하던 그는 가난한 중국인 유학생과 노동자를 위해 값싸지만 맛있고 영

신치주카가이의 화려한 홍등

양까지 풍부한 음식을 개발하려고 마음먹었다. 그리고 노력 끝에 값싼 돼지 뼈와 항구도시 나가사키에서 흔한 해산물, 채소를 사용한 국수를 만들어 팔았는데, 이게 인기를 끌어 오늘날의 나가사키 잔폰이 되었다는 것이다. 잔폰이라는 이름은 푸젠 지방에서 '밥을 먹다'라는 뜻으로 쓰이는 '차폰[吃飯]'이라는 단어에서 유래했단다.

한동안 나가사키 잔폰이 일제강점기 한반도와 일본을 잇는 화교 네트워크를 따라 한반도에 들어와 짬뽕이 되었다는 주장이 힘을 얻었다. 이 과정에서 한국인들이 좋아하는 고춧가루와 멸치 육수가 더해지면서 색깔도 맛도 전혀 다른 음식이 되었다는 것이다. 지금 우리가 즐겨 먹는 짬뽕의 원조가 바로 나가사키의 화교들이 중국 유학생들을 위해 개발한 '잔폰'이라는 주장이다. 하지만 최근의 연구에 따르면 이는 별 근거가 없다고 한다. 나가사키 잔폰이 그랬듯, 한국의 짬뽕 또한 초창기 화교 요리사들이 독자적으로 개발한 음식이라는 것이다. 처음엔 초마면과 짬뽕이라는 이름이 같이 쓰였는데, 1970년대 이후에 짬뽕이라는 이름으로 굳어졌단다. 그러면서 원래 흰 국물이었던 짬뽕에 고춧가루를 넣으면서 지금과 같은 모습이 되었다고 한다. 나가사키 잔폰도, 한국의 짬뽕도 시대의 요구와 요리사의 창의성이 만나 탄생한 작품인 셈이다.

신치주카가이에서 1킬로미터쯤 떨어진 곳에는 천핑순의 시카이로가 대를 이어가며 성업 중이다. 1899년 도진야시키 바깥에서 처음 문을 연 시카이로는 2000년 5층짜리 새 건물을 짓고 이사했다. 식당

시카이로의 나가사키 짬뽕과 식당 2층의 짬뽕 박물관

2층에는 자신들이 가지고 있던 각종 자료를 모아 '잔폰 박물관'을 열었다. 여기에서는 1900년대 초반의 식당 사진도 보인다.

언제나 관광객들로 붐비는 시카이로에는 나가사키 짬뽕의 원조를 맛보려는 한국인들도 많다. 이 집의 '잔폰'에 대한 한국인들의 평가는 호오가 갈리는 편. 하지만 잔폰 한 그릇에 담긴 100년 남짓의 역사를 맛본다 생각하면 일부러 찾을 만한 가치가 있는 곳이다.

* 나가사키의 또 다른 명물, 카스텔라

일찍부터 서양과 교류를 시작한 나가사키에는 그만큼 빨리 서양 음식이 들어왔다. 지금은 일본 음식의 대표 선수가 된 덴푸라는 포르투갈 말로 기독교 교회에서 사계절마다 며칠간 금식하는 기간을 뜻하는 '콰투오르 템포라Quatuor Tempora'에서 유래한 말이다. 이 또한 나가사키를 통해 처음 들어왔다. '팡데로'라는 포르투갈 과자에서 유래한 카스텔라는 잔폰과 함께 나가사키를 대표하는 음식이 되었다. 팡데로는 일본에 들어오면서 포르투갈 상인들에 의해 '카스티야Castila(스페인의 왕국)의 빵'이라는 뜻을 가진 팡 드 카스텔라Pão de Castela라고 소개되어 '카스텔라'라는 이름이 붙었으며, 바닥에 굵은 설탕을 깔고 빵이 훨씬 더 촉촉해지는 등 변화를 주어 나가사키 대표 음식으로 자리 잡았다. 1624년 처음 문을 열었다는 '카스텔라 원조집' 후쿠사야 등 여러 전문점이 여전히 성업 중이다.

일본의 산업화를 이끈
지옥 섬

군함도

일찍부터 서양과의 교류로 발전하던 나가사키는 메이지 유신 이후 산업화의 상징이 되었다. 이를 가장 잘 보여주는 역사적인 장소가 우리에게도 익숙한 군함도軍艦島(군칸지마)다. 군함도의 원래 이름은 하시마[端島]. 19세기 후반 군수 기업 미쓰비시가 해저 탄광을 개발하면서 섬 둘레를 콘크리트 벽으로 둘러싸고 노동자 숙소용 고층 아파트를 세웠는데, 그 모양이 일본 군함 '도사'를 닮았다고 군함도라는 이름으로 불렸다.

전성기에는 도쿄 인구밀도의 9배가 넘을 정도로 사람들이 북적였으나 일본 정부의 에너지 정책이 석탄에서 석유로 바뀌면서 폐광 후 무인도가 되었다. 수십 년간 버려져 있던 군함도는 2009년 역사 유

하늘에서 본 군함도

적으로 다시 태어났는데, 2015년에는 '일본의 산업화와 근대화를 이끈 섬'이라는 이유로 유네스코 세계문화유산에 이름을 올리며 관광 명소가 되었다.

　여기까지가 군함도 공식 홈페이지에 나와 있는 설명이다. 하지만 여기에는 중요한 역사적 사실이 빠져 있다. 군함도가 일제강점기 강제징용으로 악명 높은 '지옥의 섬'이었다는 점이다. 관부연락선을 타고 징용으로 끌려온 조선인 중 약 800여 명이 이곳에서 노예처럼 일했다. 이들은 바닷속 1,000미터가 넘는 깊이로 파고 내려간 막장에

군함을 닮은 섬, 군함도

가이드의 설명에 조선인 노동자들의 강제 노동 이야기는 빠져 있다.

서 하루 12시간 이상 강제로 일해야 했다. 이 막장에서 일하는 것은 힘들 뿐만 아니라 극히 위험했다. 한두 명이 겨우 들어갈 수 있는 막장은 섭씨 45도를 넘나드는 열기에 유독가스가 수시로 나오는 곳이었다. 작업 도중 해수가 쏟아져 들어와 노동자가 익사하는 경우도 있었다. 먹는 것도 부실해 만성적인 영양실조에 시달려야 했다. 조선인 노동자들은 군함도를 '감옥 섬' 혹은 '지옥도'라고 불렀다. 이러한 군함도 이야기는 2017년 같은 이름의 영화로 만들어지기도 했다.

나가사키항에서 남서쪽으로 약 18킬로미터쯤 떨어져 있는 군함도로 가는 방법은 하루짜리 크루즈 투어밖에 없다. 여러 업체에서 운영하는 투어는 일본어나 영어로 진행된다.

자그마한 배를 타면 군함도에 이르기 전 배를 만드는 거대한 철근 구조물들을 먼저 만난다. 그중 미쓰비시[*] 조선소 제3드라이독은 메이지 시대에 준공된 시설로, 지금도 해상 자위대의 군함을 만들고 있단다. 1909년 세워진 일본 최초의 대형 크레인도 여전히 배를 만드는 데 이용된다. 가이드의 설명에는 빠져 있지만, 태평양전쟁 기간에는 수백 명의 조선인 노동자들이 징용으로 끌려와 이곳에서도 강제 노동을 해야 했다.

* 일본 대표 전범 기업 미쓰비시

1870년 문을 연 미쓰비시는 미쓰이, 스미토모와 함께 '일본 3대 재벌 기업' 중 하나이자 대표적인 전범 기업이다. 군함도 등 여러 사업장에서 조선인을 비롯한 외국인들을 억지로 끌고 와 강제 노동을 시켰다. 패전 후 미군 포로의 강제 노동에 대해서는 공식 사과했으나 조선인 징용에 대해서는 입을 닫았다. 전범 기업 미쓰비시는 대표적인 극우 기업이기도 하다. 지금도 일본의 역사 왜곡 교과서를 만드는 극우단체와 정치인 등을 후원하는 것으로 알려졌다. 우리나라에서는 2000년대 들어 강제징용 피해자들이 미쓰비시를 상대로 낸 손해배상 소송에서 10여 년 만에 최종 승소했으나, 미쓰비시와 일본 정부는 책임 인정과 사과, 배상 등을 모두 거부하고 있다.

한때는 채광 시설과 아파트, 수영장이었던 폐허

크루즈 투어가 시작되는 나가사키시 마쓰가에마치에 있는 군함도디지털박물관.
여기에서도 조선인 강제 노동에 관한 설명은 찾을 수 없다.

이렇게 30분쯤 가면 창밖으로 군함도가 눈에 들어온다. 사진으로 보았던 것처럼 군함을 꼭 닮은 모습이다. 상륙하면 가이드의 설명을 들으며 채광 시설과 광부 아파트, 수영장 등 일부 건물을 둘러볼 수 있다. 곳곳이 무너져 내린 거대한 건물들이 눈길을 끌지만, 어느 곳에서도 강제징용과 관련된 설명을 볼 수도 들을 수도 없다.

일본은 군함도의 세계문화유산 등재를 위해 강제징용 사실을 인정하고 희생자들을 위한 안내센터를 설치하기로 약속했으나 안내센터는커녕 단 한 줄의 설명도 하지 않고 있다. 대신 자신들도 제2차 세계대전의 피해자라는 주장을 펼치고 있다. 정작 자신들이 전쟁을 일으킨 당사자라는 사실은 애써 외면한 채.

나가사키항에서 자동차로 10여 분 거리의 나가사키원폭자료관에 가면 이러한 일본의 교묘한 역사 왜곡을 눈으로 확인할 수 있다.

진정한 평화는
진심 어린 사과에서

나가사키원폭자료관

1945년 8월 9일 오전 11시 2분. 나가사키에는 번쩍이는 섬광과 함께 버섯구름이 피어올랐다. 3일 전 히로시마를 초토화시켰던 원자폭탄 '리틀보이little boy'보다 훨씬 더 강력한 '팻맨fat man'이 폭발한 것이다. 수만 명의 시민이 열과 폭풍爆風으로 즉사했다. 그보다 훨씬 더 많은 사람이 부상과 방사능 후유증 등으로 죽음에 이르렀다. 이 중에는 약 1만여 명의 조선인도 포함된 것으로 추정된다.

나가사키원폭자료관에는 원자폭탄의 비극을 알리는 전시물들이 가득하다. '팻맨'의 내부까지 상세히 보여주는 모형을 시작으로 녹아버린 철근 구조물, 까맣게 탄 여학생의 도시락, 피 묻은 옷, 숯덩이가 되어버린 사람들의 사진이 그날의 끔찍한 참상을 전해준다. 더불어

     2부 일본 역사여행

나가사키원폭자료관에는 원자폭탄의 비극을 알리는 전시물들이 가득하다.

원자폭탄 '팻맨'의 내부를 상세히 보여주는 모형

핵무기 개발의 역사와 전 세계 핵무기 현황, 나아가 핵무기 없는 세상에 대한 바람까지, 평화에 대한 소망도 담았다.

하지만 여기에도 중요한 것들이 빠져 있다. 원폭 투하로 끝난 전쟁을 누가, 왜, 어떻게 일으켰는지에 관한 정확한 설명, 그리고 이 모든 비극의 시발점이 되었던 전범 국가 일본의 진정한 반성은 찾아볼 수 없다. 불행한 역사를 되풀이하지 않으려면 원인 규명이 우선이다. 피해 당사자들이 살아 있다면 진심 어린 사과와 반성, 책임자 처벌 또한 필수다. 이러한 것들이 빠진 평화 구호가 공허하게 들릴 수밖에.

그렇다고 나가사키원폭자료관 방문이 무의미한 것은 아니다. 핵무기가 얼마나 큰 재앙이며, 어떠한 명분을 대더라도 핵무기 사용은 인류에 대한 범죄라는 사실을 깨달을 수 있으니. 원폭자료관 밖에는 거대한 빛의 기둥을 중심으로 밤이면 7만 개의 추모 불빛이 빛나는 '국립 나가사키 원폭 사망자 추도 평화기념관'이 있고, 길 건너 이면도로에는 자그마한 '나가사키 원폭 조선인 희생자 추모비'가 있다. 요행히 원자폭탄을 피한 조선인들도 안전 장비 없이 피해 지역의 복구에 강제 동원되면서 방사능 피폭으로 목숨을 많이 잃었다고 한다.

조선인 희생자 추모비에서 작은 개천을 하나 건너면 '폭심지공원'이다. 이름처럼 실제로 원자폭탄이 투하된 지점에 조성한 공원이다. 중앙에는 원폭으로 사망한 이들의 명부가 봉안된 추모비가 서 있고, 주변에는 폭발 당시 모습을 간직한 건물 잔해와 고온으로 녹아버린 유리, 벽돌, 기와 등이 전시되어 있다.

나가사키 원폭 조선인 희생자 추모비

애당초 히로시마에 이은 2차 원폭 투하 예정지는 나가사키가 아니라 기타큐슈의 고쿠라였다. 팻맨을 실은 미군 폭격기가 철강 산업을 기반으로 군수 공장이 밀집했던 고쿠라 상공까지 날아갔으나 때마침 낀 짙은 구름 때문에 폭탄 투하 지점을 확인할 수가 없었단다. 40분 동안이나 고쿠라 상공을 배회하며 구름이 걷히기를 기다리다, 결국 제2안이었던 나가사키로 와서 원폭을 투하했던 것이다. 날씨 덕분에 비극을 피한 고쿠라 시민들은 기타큐슈 시청 인근에 자신들 대신 희생된 피해자들을 추모하는 '나가사키 원폭 기념비'를 세웠다.

폭심지공원에서 다시 큰길을 건너면 평화공원이다. 이름처럼 평화

평화기념상

로운 공원에 들어서면 땅에서 솟아오르는 '평화의 샘'이 관람객을 맞
는다. 물을 애타게 찾으며 죽어간 피폭자들의 영혼이나마 목마르지
않도록 마르지 않는 샘을 만들었다고 한다. 공원 안쪽 끝에는 거대한
조각상인 '평화기념상'이 자리 잡았다. 하늘을 가리키는 오른손은 원
폭의 위협을, 옆으로 뻗은 왼팔은 평화를 상징한단다.

　나가사키원폭자료관에서 시작한 역사기행은 '평화기념상' 앞에서
끝난다. 비극의 원인 규명, 가해자의 사과, 책임, 보상과 함께 진정한
평화가 오기를 소망하면서.

원폭으로 파괴된 성당 건물 잔해

9장
가고시마

메이지 유신의
고향

센간엔과 쇼코슈세이칸, '젊은 사쓰마의 군상'과
유신 후루사토칸, 사이고 다카모리 유적지

규슈 최남단 가고시마현은 '동양의 나폴리'라 불리는 해안과 지금도 매일 화산재를 뿜
어내는 사쿠라지마 화산, 특색 있는 온천들로 유명한 관광 명소다.

가고시마현의 옛 이름은 사쓰마번이었다. 에도 시대 두 번째로 넓은 영지를 자랑하던
사쓰마번은 일찍부터 근대적 개혁을 추진했고, 이른바 '웅번雄藩'(웅대한 번국)으로 도약해
막부 타도와 메이지 유신을 주도했다. '유신 3걸' 중 두 명이나 사쓰마번 출신인 것은
우연이 아니었다. 그중에서도 세이난 전쟁을 일으키고 가고시마에서 최후의 항전을 벌
이다 자살한 사이고 다카모리는 지금도 가고시마의 영웅으로 대접받고 있다.

아름다운 자연과 치열했던 역사의 현장. 가고시마가 역사여행지로 손꼽히는 이유다.

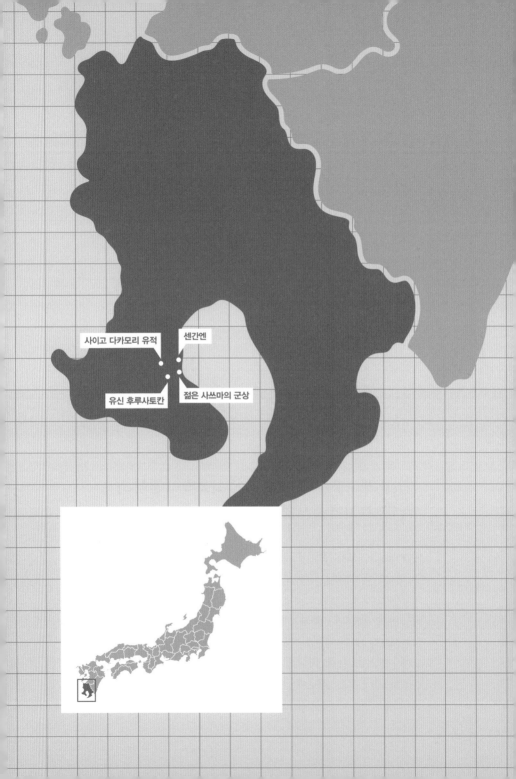

사이고 다카모리 유적   센간엔

유신 후루사토칸   젊은 사쓰마의 군상

도자마 다이묘에서
웅번으로

센간엔과 쇼코슈세이칸

가고시마 역사기행의 시작은 일본의 국가명승이자 CNN이 꼽은 '일본에서 가장 아름다운 곳 31' 중 하나인 센간엔[仙巖園]이다. 축구장 7개를 합친 것만큼 넓은 센간엔은 가마쿠라 시대부터 대대로 이 지역을 지배하던 시마즈 가문의 별장 정원이었다. 깔끔하게 다듬어진 전형적인 일본식 정원 너머로 가고시마 만 위에 사쿠라지마 화산이 솟아오른 풍광이 환상적이다. 마치 넓은 정원 가운데 가고시마 만이라는 연못이 있고, 그 가운데 사쿠라지마 화산이 자리 잡은 듯한 모습은 일본 전통 정원의 차경 기법(정원 바깥의 풍경까지 고려해 정원을 만드는 것)의 전형이란다.

그런데 막상 센간엔 입구에 들어서면 정원이 아니라 용광로의 일

센간엔 곳곳에는 아기자기한 연못과 산책로들이 자리 잡았다.

종인 반사로 터가 관람객들을 맞이한다. 이곳에서는 150파운드(약 68 킬로그램)짜리 포탄을 3킬로미터까지 날려 보낼 수 있는 거대한 철대 포를 만들었단다. 그것도 지금으로부터 170년쯤 전에. 아름다운 정 원과 무시무시한 철대포. 전혀 어울리지 않는 조합에 메이지 유신을 이끈 가고시마의 비밀이 있다.

이곳에 반사로가 세워진 것은 1852년의 일이었다. 당시 사쓰마 번 주였던 시마즈 나리아키라가 아편전쟁으로 무너진 청나라를 보고 서

철대포를 만들기 위한 용광로였던 반사로가 있던 터

양식 무기를 만들기 위해 반사로를 건설한 것이다. 일본 최남단에 자리 잡아 서양 세력과 직접 마주치는 일이 잦았던 사쓰마번은 필사적이었다. 덕분에 실물 한 번 보지 못하고 네덜란드인을 통해 입수한 서적만으로 반사로를 만들고, 마침내 철대포까지 완성할 수 있었다.

시마즈 나리아키라가 만든 것은 이뿐만이 아니었다. 그는 반사로와 함께 무기 공장, 유리 공장, 방적 공장 등 '공업 단지'라 불러도 손색이 없을 정도로 다양한 시설을 만들었다. 거기다 조선소를 세워 일

일본에서 가장 아름다운 정원 중 하나로 꼽히는 센간엔. 사쿠라지마 화산이 손을 잡힐 듯 가깝다.

본 최초의 서양식 군함과 증기기관선을 만들기도 했다(이때 군함을 막부
에 바치면서 서양의 배처럼 깃발을 달았는데, 이것이 일장기의 시작이라고 한다).

　사쓰마가 이렇게 막부의 쇄국정책을 거슬러가며 서양 문물을 적극
적으로 받아들인 이유가 또 하나 있다. 에도 시대 내내 사쓰마는 막
부의 견제를 받아야 했다. 임진왜란에도 참여했던 시마즈 요시히로
가 도요토미 히데요시 사후 벌어진 세키가하라 전투에서 도쿠가와
이에야스의 반대편에 섰기 때문이다. 몇 번의 위기를 넘기고 겨우 영
지를 보전할 수 있었지만 막부에 미운털이 박혀 견제와 핍박에 시달
려야 했다.* 그러니 스스로 살아남기 위해 적극적인 개혁에 나설 수
밖에 없었고, 이 과정에서 서양식 근대화를 추진했던 것이다.

* 막부를 무너뜨린 도자마 다이묘들

도쿠가와 이에야스는 처음 막번 체제를 갖추면서 전국의 다이묘를 신판
과 후다이, 도자마의 세 종류로 나누었다. 신판 다이묘는 도쿠가와 가문의
혈족들, 후다이는 세키가하라 전투 이전부터 도쿠가와를 주군으로 모셨던
다이묘들, 도자마는 세키가하라 전투 전후로 도쿠가와에 복속된 다이묘들
을 가리켰다.
막부는 변방으로 내쫓거나 영지를 축소하는 식으로 도자이 다이묘를 견제
하고 압박했다. 이렇게 핍박을 받던 도자마 다이묘 중 일부는 적극적인 개
혁에 나서 웅번으로 도약했고, 결국 막부를 무너뜨리는 데 중심적인 역할
을 했다. 사쓰마번과 조슈번, 도사번 등이 대표적이다.

    센간엔과 붙어 있는 쇼코슈세이칸[尚古集成館]은 시마즈 나리아키라 때부터 추진된 사쓰마번 산업화의 전모를 살펴볼 수 있는 박물관이다. 1865년 지어진, 일본에서 가장 오래된 기계 공장 건물에 자리 잡았다(이 건물과 반사로 터 등은 '일본의 메이지 시대 산업혁명 유산'으로 유네스코 세계문화유산에 등재되었다). 내부에는 당시에 만들었던 기계와 공업 생산물들에 더해 사쓰마번과 시마즈 가문의 역사와 문화에 관한 자료들을 전시하고 있다.

이렇게 근대화에 힘썼던 나리아키라는 그에 걸맞은 새로운 인재를 키우는 데도 힘썼다. 훗날 메이지 유신의 영웅이 되는 사이고 다카모리를 일찌감치 발탁한 것도 나리아키라였다. 이런 근대화 노력은 그의 뒤를 이은 시마즈 다다요시(나리아키라의 양자)에게로 이어졌다.

메이지 유신의
주역들을 만나다

'젊은 사쓰마의 군상'과 유신 후루사토칸

가고시마중앙역 광장에는 단발(전통적인 일본 남성의 머리 모양은 이마에서 머리 중앙까지는 밀고 길게 기른 나머지 머리를 올려 중앙에서 묶는 존마게ちょんまげ라는 것이었다)에 양복을 입은 청년 19명의 동상이 있다. 이름하여 '젊은 사쓰마의 군상'. 1865년 일본 최초로 영국에 유학을 떠난 사쓰마 젊은이들을 기념하는 조각 작품이다.

사절단과 통역을 뺀 15명의 유학생들은 대부분 20세 전후의 엘리트였으며 그중에는 13세 소년도 있었다. 이들을 영국으로 보낸 이는 당시 사쓰마 번주였던 시마즈 다다요시였다. 마지못해 나라 문은 열었으나 아직 막부가 일본인의 해외 출국을 엄격히 금지하던 시절, 시마즈 다다요시는 유학단을 '남쪽 섬 출장단'이라고 속여 밀항하듯 영

젊은 사쓰마의 군상. 약관의 젊은이들이 사쓰마번의 미래를 짊어지고 유학을 떠났다.

2부 일본 역사여행

국으로 보냈다.

　이런 결단의 배경에는 1863년 벌어진 사쓰에이(사쓰마-영국) 전쟁*
이 있었다. 이때 영국과의 전력 차이를 확실히 깨달은 시마즈 다다요
시와 가신들이 영국을 배워 힘을 키우기 위해 유학단을 파견한 것이
다. 유학단으로 갔던 청년들은 군사, 과학기술, 문학 등을 공부하고
증기기관과 방적 기계 등을 가지고 귀국한 후 사쓰마뿐 아니라 일본
의 발전에 크게 기여했다.

　'젊은 사쓰마의 군상'을 지나 5분쯤 걸으면 작은 다리 건너 유신 3
걸 중의 한 사람인 오쿠보 도시미치의 동상이 나온다. 영국 신사 분
위기를 풍기는 프록코트 차림에 멋지게 수염을 기른 모습이 일제강

* 사쓰마 도약의 발판, 사쓰에이 전쟁

전쟁의 발단은 사쓰마번 무사들의 영국인 살해 사건이었다. 번주 시마즈
다다요시의 친부인 시마즈 히사미쓰(전대 번주 나리아키라의 동생)가 교토로
향하던 행렬에 말을 탄 영국인들이 끼어들자 호위하던 무사들이 무례하다
며 죽여버린 것이다. 영국은 책임자 처벌과 막대한 배상금을 요구했고, 이
전부터 서양의 기술을 도입해 함선과 대포까지 갖추고 있었던 사쓰마번은
전쟁을 불사했다. 하지만 단 이틀간의 짧은 전쟁에서 패배하며 확연한 힘
의 차이를 깨달은 사쓰마번은 배상에 합의하면서 영국과 우호적인 관계를
맺었다. 이후 영국의 도움으로 군사력을 키운 사쓰마번은 막부 타도와 메
이지 유신을 주도하게 된다.

유신 3걸 중 한 명인 오쿠보 도시미치의 동상

점기 경성을 거닐던 '모던뽀이'의 원조인 듯하다.

사쓰마의 하급무사 가문에서 태어난 오쿠보는 뛰어난 난학자였던 할아버지에게 서양 문화를 배우며 자랐다. 일찍부터 관직에 나가 번의 서기로 일하던 중 시마즈 다다요시의 신임을 얻어 번정 개혁을 이끌었다. 젊은 사쓰마의 군상들이 유학길에 오른 다음 해, 그는 사이고 다카모리, 사카모토 료마와 함께 삿초 동맹을 맺는 데 주도적인 역할을 했다.

유신 후루사토의 길. 메이지 유신이 사쓰마에서 시작되었다는 자신감이 엿보이는 이름이다.

메이지 텐노가 왕정복고를 선언하던 유신의 순간에도, 사이고가 군대를 이끌고 막부파를 토벌할 때에도 오쿠보가 함께했다. 메이지 유신 이후에는 폐번치현을 주도했고 이와쿠라 사절단의 부단장으로 서양 시찰에 나서는 등 일본의 근대화에도 앞장섰다. 여기까지는 언제나 동네 친구 사이고와 함께였다(둘의 집은 걸어서 5분 거리였단다). 하지만 사이고의 정한론을 오쿠보가 반대하면서 둘 사이는 갈라지고 말았다.

오쿠보의 동상에서 이어지는 강변길은 '유신 후루사토의 길'이다 (후루사토는 고향故鄕을 의미). 길 위에는 개항을 전후해 사쓰마가 서양과 교류했던 루트들이 표시되어 있고, 길가에는 당시 활약했던 인물과 역사적 사건들을 설명하는 표지판과 기념비들이 줄지어 서 있다.

자그마한 강을 따라 이어지는 역사 산책로는 오쿠보와 사이고의 생가 터를 지나는데, 그 사이에 '유신 후루사토칸[故鄕館]'이 있다. 사쓰마번 출신들이 주도한 메이지 유신의 모든 것을 보여주는 전시관이다. 먼저 가볼 곳은 지하 1층의 '유신 체감 홀'. 이곳에선 숨 가쁘게 돌아가던 당시의 역사를 실감나는 동영상과 움직이는 인형, 소리와 빛으로 보여준다. 이를 통해 당시 역사의 흐름을 전체적으로 파악한 다음, 나머지 전시실을 돌며 이 시기 활약한 인물과 사건을 둘러보면 이해가 잘된다.

사이고 다카모리의 실물 크기 인형과 사진을 찍을 수 있는 코너도 눈길을 끈다. 여기서는 사이고와 오쿠보의 트레이드마크인 군복과

메이지 유신의 모든 것을 볼 수 있는 유신 후루사토칸

프록코트를 입어볼 수 있는데, 이것만 봐도 이들의 인기와 위상을 짐작할 수 있다. 물론 우리에게는 한반도 침략의 기반을 다진 인물들이지만 말이다.

가고시마가
사랑한 사나이

사이고 다카모리 유적지

오쿠보의 동상 앞에서 택시를 타고 5분 남짓 가면 사이고의 동상에 닿는다. 큰 머리에 굵은 목 그리고 불룩한 배. 무려 8미터에 이르는 거대한 동상은 도쿄의 우에노 공원에서 본 모습과 비슷하나 유카타 (일본의 전통 옷) 대신 군복을 입고 있는 것이 다르다.

그가 입은 것은 메이지 시대 육군대장의 제복이다. 메이지 유신 이후의 논공행상에서 그는 가장 높은 등급을 받았으나 새 정부의 관직에 오르는 대신 고향인 사쓰마로 돌아왔다. 그리고 2년 뒤인 1871년에는 메이지 정부군의 사령관이 되어 전국을 누비며 아직 남아 있는 친막부 성향의 번들을 복속시켰고, 이 공로를 인정받아 육군대장에 올랐다. 원수인 덴노의 바로 아래, 실질적으로 일본 육군 최고의 지위

사이고 다카모리의 동상. 우에노 공원의 것과 달리 군복을 입고 있다.

였다. 이때가 1872년. 사쓰마번의 하급무사 집안에서 태어나 16세에 번의 하위관리가 된 지 30년 만에 이룬 성과였다. 위풍당당한 동상의 모습이 사이고 인생의 절정기를 보여준다.

하지만 딱 여기까지였다. 다음 해 사이고는 모든 관직을 사임하고 가고시마로 돌아간다. 그가 주장한 정한론을 정부에서 받아들이지 않았기 때문이다. 고향으로 돌아온 사이고가 군사학교를 열자 전국의 사무라이들이 몰려들었다. 사실 정한론 자체가 몰락하는 사무라이를 위한 아이디어였다. 정부의 국민개병제 시행으로 '유일한 무장세력'이라는 특권을 빼앗긴 사무라이들에게 지금 당장 침략전쟁이라는 떡고물을 안겨주려고 한 것이다. 같은 하급무사 출신이었던 오쿠보는 사무라이의 몰락을 필연으로 받아들였으나 사이고는 나름 그들을 도울 방법을 고민했던 셈이다. 물론 그 결론이 '한반도 침략'이라는 사실은 도저히 용서할 수 없지만 말이다.

사이고의 군사학교 학생 수가 2만여 명에 이르자 메이지 정부는 긴장하기 시작했다. 정부에 불만을 가진 이들이 언제 반란군으로 돌변할지 몰랐기 때문이다. 정부는 가고시마현의 무기와 탄약을 오사카로 옮기라는 명령을 내렸고, 이에 불복한 군사학교 학생들이 정부군 무기고를 공격하면서 반란이 시작되었다. 처음에는 신중했던 사이고도 학생들이 먼저 행동에 나서자 더 이상 가만있을 수 없었다. 사이고가 전면에 나서면서 반란은 전면전으로 치달았다. 세이난[西南] 전쟁의 시작이었다.

세이난 전쟁의 현장, 구마모토성(구마모토현 구마모토시)

2부 일본 역사여행

도쿄를 향해 북상하던 사이고의 군대는 구마모토에서 정부군과 맞붙었다. 결과는 난공불락의 구마모토성*을 선점한 정부군의 승리. 이를 시작으로 정부군은 연전연승했고, 사이고의 군대는 패배를 거듭했다. 마침내 수백 명의 부하만 남은 사이고는 가고시마로 돌아와 최후의 항전을 벌였으나 결국 패배, 자살로 파란만장한 삶을 마감했다. 그의 나이 49세 때의 일이다.

사이고의 동상 인근에는 그와 관련된 유적이 여럿이다. 사이고가 숨어 있다 정부군의 최후 공격을 받은 동굴, 여기서 부상을 입고 도망치다 할복한 장소에도 기념비가 서 있다. 여기서 가까운 사이고의

* 난공불락의 대명사, 가토 기요마사의 구마모토성

'일본 3대 성' 중 하나이자 난공불락의 대명사로 불리는 구마모토성을 쌓은 사람은 가토 기요마사다. 도요토미 히데요시의 심복으로 임진왜란 때 고니시 유키나가와 함께 선봉을 맡았던 가토의 별명은 '축성의 달인'이었다. 그는 울산에 성을 쌓아 훨씬 더 많은 수의 조명 연합군을 막아내기도 했다(울산 왜성은 여전히 남아 있다). 도요토미 히데요시 사후 귀국한 가토는 새로운 권력자 도쿠가와 이에야스에게서 새로 받은 영지인 구마모토에 성을 쌓았는데, 세이난 전쟁에서 그 위력을 보여줬다. 정부군에 비해 압도적인 전력이었던 사이고의 군대가 성에 가로막혀 한 발짝도 전진할 수 없었던 것. 결국 전투에 패배하고 철수하던 사이고는 "나는 정부군에 진 것이 아니라 가토 공에게 진 것"이라는 말을 남겼단다.

사이고가 숨어 있다 정부군의 최후 공격을 받은 동굴

사이고 다카모리의 무덤

무덤 옆에는 그를 기리는 신사가 들어섰다.

전쟁의 승자는 오쿠보였지만 지금 가고시마 사람들은 사이고를 훨씬 더 좋아한다. 가고시마에 세워진 사이고의 동상만 여덟 개에 이르고, 설문조사에서 사이고는 늘 존경하는 역사인물 1, 2등을 다툰다고. 사이고와 오쿠보는 저승에서 화해를 하고 다시 친한 동네 친구로 지내고 있는지도 모르지만 말이다.

사이고 다카모리의 유적지를 마지막으로 가고시마 역사기행을 마쳤다. 더불어 일본의 수도 도쿄에서 규슈 최남단 가고시마에 이르는 일본 역사기행 또한 끝을 맺었다. '알지만 잘 모르는' 일본의 역사를 종횡무진 누빈 여행이 즐거우셨는지 모르겠다. 막연하게, 혹은 납작하게 알고 있던 일본이 좀 더 구체적으로, 입체적으로 다가왔다면 저자로서 큰 보람이겠다.

이 책을 읽는 동안 일본에 대해 궁금한 것들이 생겨났다면, 이제는 책장을 덮고 진짜 일본 역사기행을 떠날 걸 권해드린다. 언제나 해답은 현장에 있기 때문이다. 현장에서만 느낄 수 있는 생생한 감흥과 재미, 즐거움은 덤이다.

가고시마에 상륙해 일본에 최초로 기독교를 전파한 하비에르 기념공원

교토 니조성의 정원

찾아보기

사진 출처

22쪽 (위) 도쿄국립박물관 소장(ⓒColBase(https://colbase.nich.go.jp), (아래) 가나가와
　　　요코하마교육위원회 소장

24쪽 (위) 도쿄국립박물관 소장(ⓒColBase(https://colbase.nich.go.jp), (아래)
　　　도쿄국립박물관 소장(ⓒ ColBase(https://colbase.nich.go.jp)

27쪽 ⓒGFDL(위키미디어 커먼스)

30쪽 Saigen Jiro(위키미디어 커먼스)

34쪽 ⓒGFDL and cc-by-sa-2.5(위키미디어 커먼스)

40쪽 리쓰메이칸 대학 소장

43쪽 도쿄대학사료편찬소 소장

45쪽 오사카시립미술관 소장

46쪽 오사카성 천수각 소장

50쪽 일본 국립역사민속박물관 소장

52쪽 위키미디어 커먼스

54쪽 Hood Museum of Art, Dartmouth College 소장

56쪽 위키미디어 커먼스

60쪽 United States Navy 소장

62쪽 위키미디어 커먼스

사진 출처